Mujer
ENSANCHA TU TERRITORIO

Santa Medrano

Reservados todos los derechos. No se permite la reproducción total o parcial de esta obra, ni su incorporación a un sistema informático, ni su transmisión en cualquier forma o por cualquier medio (electrónico, mecánico, fotocopia, grabación u otros) sin autorización previa y por escrito de los titulares del copyright. La infracción de dichos derechos puede constituir un delito contra la propiedad intelectual.

El contenido de esta obra es responsabilidad del autor y no refleja necesariamente las opiniones de la casa editora. Todos los textos e imágenes fueron proporcionados por el autor, quien es el único responsable por los derechos de los mismos.

Publicado por Ibukku, LLC
www.ibukku.com
Diseño y maquetación: Índigo Estudio Gráfico
Copyright © 2022 Santa Medrano
ISBN Paperback: 978-1-68574-184-6
ISBN eBook: 978-1-68574-185-3
LCCN: 2022914139

Índice

AGRADECIMIENTO	5
DEDICATORIA	7
PRÓLOGO	9
INTRODUCCIÓN	11
Capítulo 1- **Jabes invoca a Dios**	13
Capítulo 2 - **Ensancha tu territorio**	19
Capítulo 3 - **Un pequeño testimonio**	29
Capítulo 4 - **Débora, una mujer llena de fe y de valor**	35
Capítulo 5 - **No sueltes tus sueños**	49
Capítulo 6 - **Escogida para salvar**	57
Capítulo 7- **Una mujer prudente y sabia**	65
Capítulo 8 - **Sal por tu maná**	81
CONCLUSIÓN	93

AGRADECIMIENTO

Primeramente, le quiero dar las gracias a mi dulce amigo Espíritu Santo; a mi Salvador y Redentor Jesucristo; a mi hermoso, amoroso y precioso Padre Dios; a mi amado esposo por su apoyo, Simón Ixmatlahua; a mis hijos que son mi razón de ser, mi motivación: David, Eury, Luis y Cynthia, la más pequeña de mis hijos, a quien agradezco por siempre acompañarme cada vez que iba a escribir, te amo. Estoy muy agradecida con mis padres Demetrio Medrano y Ana Encarnación por apoyarme con sus oraciones y su amor.

Agradezco a mi hermana y amiga Gloria Núñez por su apoyo, disposición y amor.

Un agradecimiento muy especial para mis amados pastores Carlos y Marylu Sorto, por todas las oraciones que hacen por mí en todas las áreas de mi vida. Le agradezco a mi líder y hermana de evangelismo y consolidación Claudia Bautista, gracias por estar siempre conmigo animándome y por sus oraciones. Muchas gracias a cada uno de ustedes pues ustedes son una bendición en mi vida. Los bendigo en el nombre de Jesús.

DEDICATORIA

Este libro primeramente se lo dedico a Dios y le doy las gracias por Su sabiduría y a todas esas mujeres valerosas, a esas madres solteras que luchan día a día por levantar a sus hijos, por darles lo mejor y tienen ese anhelo, ese sueño que late tan fuerte dentro de su pecho, ese talento, esos dones que quizás por tiempo o miedo no se emprenden, no se ensanchan.

Para todas esas mujeres que tienen el deseo de crecer y no saben cómo, pues quizás la manera de crecer y de prosperar esté ahí delante de tus ojos, esté en tus manos y no lo has descubierto. Descúbrete a ti misma, explota ese don que tienes y ensánchate en él.

PRÓLOGO

Mi nombre es Santa Medrano; estoy felizmente casada. Nací y crecí en República Dominicana, en la capital, Santo Domingo, y actualmente radico en Nueva York, Estados Unidos.

Soy cristiana, seguidora de Cristo desde el 2014 y esa fue la mejor decisión de mi vida. Tengo el privilegio de congregarme y ser parte de la familia del Centro Cristiano Renacer, mi iglesia.

Desde niña fui siempre temerosa de Dios, aunque no nací en una familia cristiana, pero crecí con muchos miedos, en especial a hablar, a conducirme en frente de las personas; para mí valía más el qué dirán las personas que mis sueños, pues todo me daba vergüenza, hasta que conocí al Señor y poco a poco él ha ido quitando esos miedos, esos temores con los cuales crecí, y lo sigue haciendo pues todavía Dios no ha terminado conmigo.

Hoy puedo decir que soy mucho menos temerosa que antes y por eso escribí este libro inspirado por Dios, por sus palabras, usando mi ejemplo para que cada mujer sepa que los miedos y los temores no vienen de Dios, y que debemos sacudirnos de esos miedos y ser mujeres de visión, de sueños, que debemos enfocarnos en ellos y realizarlos metiendo en ellos a Dios.

Esta reflexión es una motivación para aquellas mujeres dentro de cuyo corazón arden esos sueños que parecen inalcanzables, esos sueños que todavía no se materializan y no se realizan por temor o miedo al fracaso o miedo a lo que las personas puedan decir de ti.

Es una motivación a despertar esos talentos y sueños perdidos; esta reflexión es un pequeño empuje para aquellas mujeres que quieren cambiar su nombre de **"yo no puedo"** a **"yo lo puedo todo en Cristo que me fortalece"** (Filipenses 4:13) y darle forma a su sueño y visión para que en el tiempo de Dios se realicen. No engavetes tus sueños, no vivas solo de sueños; atrévete a darles forma y cuerpo a tus sueños, atrévete a realizarlos.

INTRODUCCIÓN

Cuando Dios puso en mi corazón el hacer esta pequeña pero hermosa reflexión, yo me negaba a obedecer, pues primeramente no me gustaba escribir. Fue en 2017 cuando empecé a sentir en mi corazón que debía escribir este libro; a partir de ese año empecé a escribir, pero no sentía la inspiración ni el deseo de hacerlo y pensé que solo era un pensamiento que pasó por mi mente, y desistí de escribir hasta que en el 2019 pasó algo en mi vida que me comenzó a mover y a inspirarme, pero aun así rehusaba escribir.

Hace un tiempo el enemigo trajo a mí un pensamiento distorsionado y yo me dejé envolver con ese pensamiento de que yo era una perdedora, y sintiéndome como tal empecé a creer en mi corazón que lo era. Quizás muchos se harán esta pregunta de cómo una persona siendo cristiana puede tener esos pensamientos, pero aunque seamos cristianos siempre tenemos una lucha constante; mientras estemos respirando pasamos por tentaciones y por pensamientos negativos, y somos nosotros los que elegimos si darles oídos o creer en esos pensamientos que no vienen de Dios, pero yo en ese momento pasaba por una aflicción y no me daba cuenta de que el enemigo estaba jugando con mis sentimientos y quería robar mi alegría, con mi paz, y sacarme de los planes que Dios tenía y tiene conmigo.

Una noche predicó en mi iglesia un hermano de habla inglesa y en toda la prédica mis pensamientos estaban volando y no le puse atención, pero pasó algo: cuando el predicador estaba ya terminando, Dios me habló a través del hermano y dijo: "Aquí hay alguien que se siente ser un perdedor, pero Dios te dice que tú no eres un perdedor, que él siempre ha estado contigo y su misericordia siempre estará contigo". Yo me puse a llorar y a llorar porque esa palabra, ese mensaje, fue enviado específicamente para mí, pues ese mismo día ese pensamiento volvió a pasar por mi mente, pero Dios no me ve como yo me veía o como Satanás quería que yo me viera, Dios me ve con misericordia y amor, Él piensa lo mejor de mí y ve lo mejor de mí, y ahí empecé a motivarme nuevamente a escribir esta reflexión, pues la musa estaba ahí, o sea, la inspiración era yo misma, mis temores, mis dudas, mis fracasos, mis sueños perdidos por falta de Dios en la vida.

En el 2020 empecé a escribir, pero no sabía qué nombre ponerle a este libro, y ahí me surgió un pensamiento, un sentir, esa voz que le decía a mi corazón: ***"Mujer, ensancha tu territorio"***, y así fue que surgió el nombre de este libro. Este libro no se trata solamente de un ensanchamiento físico, financiero, es en especial espiritual, que tus dones puedan ser ofrecidos para Dios y el cuerpo de la iglesia de Dios, de Jesús, para que veamos que nosotras las mujeres tenemos un baúl de dones ocultos y sueños que no nos atrevemos a realizar por falta de arranque y de empuje, por miedos, inseguridad, negligencia; pero Jesús lo va revelando, nos abre el camino si le permitimos ser el capitán de nuestra barca, y nos permite descubrir ese tesoro escondido que llevamos dentro y que está en nuestras manos, en nuestra casa; Dios te bendiga.

Capítulo 1-
Jabes invoca a Dios

1 Crónicas 4:9-10: Y Jabes fue más ilustre que sus hermanos, al cual su madre llamó Jabes, diciendo: Por cuanto lo di a luz en dolor.[a] 10 E invocó Jabes al Dios de Israel, diciendo: ¡Oh, si me dieras bendición, y ensancharas mi territorio, y si tu mano estuviera conmigo, y me libraras de mal, para que no me dañe! Y le otorgó Dios lo que pidió.

En este libro aprenderás cómo conquistar tus sueños y también cómo, con una sencilla y hermosa oración, tú puedes conquistar el corazón de Dios y cambiar el rumbo de tu vida, sin muchas palabras ni repetidas frases, porque la verdadera oración nace de un corazón en pruebas, de un corazón contrito y humillado, otras veces de tus situaciones, de tus pruebas o de tus luchas diarias.

Siempre he pensado que de las cenizas llegan las mejores ideas, los mejores planes, ¿acaso me estás entendiendo?

Fíjate, de las pruebas del dolor se levanta una guerrera, de un corazón en prueba brotan las mejores oraciones, las mejores alabanzas; así pasó con este personaje descendiente de la tribu de Judá.

Jabes, según dice la palabra, fue el más honorable de sus hermanos, le fue puesto ese nombre porque su madre lo dio a luz con mucho dolor. Jabes traducido es dolor, tristeza.

Jabes invocó al Dios de Israel con angustia y sufrimiento pues su madre, quizás sin querer, lo maldijo con ese nombre. Jabes, con una oración rogativa con desesperación, conmovió la gracia y misericordia de Dios, él comprendió y experimentó la verdadera bendición que viene de Dios. La bendición que recibió Jabes fue ese maravilloso favor sobrenatural que hizo Dios en su vida.

Jabes en su súplica decide que el mismo Dios determine cuáles serán esas bendiciones que están sujetas a la voluntad de Dios para su vida, pues no había una petición específica, ni tampoco era una bendición personal. Los grandes éxitos están reservados para aquellos que no se conformen con el diario vivir, que no se conformen con lo poco. Moisés no se conformó con solo ver los milagros que Dios hacía a través de él, sino que quiso verle cara a cara y Dios le concedió su petición.

Éxodo 33: 11: Y hablaba Jehová a Moisés cara a cara, como habla cualquiera a su compañero. Y él volvía al campamento, pero el joven Josué hijo de Nun, su servidor, nunca se apartaba de en medio del tabernáculo.

Quizás hoy tú estás como Jabes, perdida en tus propios dolores, penas, sufrimientos, quizás nadie te valore, tal vez se han olvidado de ti, se han burlado, nadie tiene esperanza en ti, todo lo que haces fracasa, pero hoy te digo: no te des por vencida, levántate, entra al trono de la gracia de Dios, así como lo hizo Jabes. Atrévete a luchar por tus sueños, pídele a Dios que te ayude, ora conforme a sus propósitos en tu vida, conforme a su voluntad.

Lo segundo que llamó mi atención de esta oración fue:

¡Oh, si me dieras bendición!

Esto es una oración nacida de un corazón en dolor, desesperado; la bendición de Jabes descansaba en la soberana voluntad de Dios, él sabía que en Dios había bendiciones ilimitadas, pues la naturaleza de Dios es bendecir a sus hijos.

JESÚS, TÚ ERES EL CAPITÁN DE MI BARCA

Dios quiere bendecirte, pero muchas veces pedimos y le pedimos mal, porque muchas veces no se sujetan a la voluntad de Dios, a los planes que Dios tiene para nosotras. Pon a Dios como el administrador de tu voluntad, ponlo como el capitán de tu barca, de tu vida, y verás cómo Dios mueve todo a tu favor, verás cómo la gracia y el poder de Dios resplandece sobre ti y tu familia; no tengas miedo a caerte, pues tus caídas no determinan tu fortaleza, quien está ahí para levantarte se llama Jesús, quien te fortalece es Dios, quien te sostiene es aquel que derramó su sangre en una cruz por ti y por mí, tú tienes el ADN de Cristo, tú eres victoriosa, vive y realiza esos sueños que tienes en tu corazón, tú tienes en casa y en tus manos el material, el método para hacer realidad tus sueños.

La mamá de Jabes lo maldijo con ese nombre, pero Jabes cambió el rumbo de su historia cuando decidió rendírsela a Dios; él hizo que su nombre de maldición se convirtiera en un nombre bendito por haberse rendido a Dios.

Dios cambió totalmente su nombre y su vida, pues él puso su sueño en manos de Dios y Dios lo bendijo, lo ensanchó en todo su terreno. A pesar de ser maldecido, él rompió con esa maldición y anuló el decreto que fue lanzado sobre él al maldecirlo con ese nombre de dolor y tristeza; lo cambió en gozo, alegría, se podría decir que Dios cambió su lamento en baile.

Cambia tu nombre en este día y comienza a anular todo decreto que haya sido lanzado y proferido en tu contra; atrévete a pedirle a Dios que cambie tus circunstancias y que le dé otro nombre a tus pruebas, y que esas pruebas puedan ser al final de bendición para ti. Pide que te haga crecer en tu propio terreno, que te ensanche, de manera que las personas puedan ver a Dios glorificado en tu vida, así como lo hizo con este personaje bíblico. Anula el decreto de que no puedes, de que tienes temor; anula todo estancamiento tanto espiritual como personal, tú eres hija del Dios viviente, el que puede cambiar todo con solamente tú pedirlo, con sencillez de corazón; atrévete a creer en ese sueño que arde en tu corazón, pues eres una conquistadora, eres hija del creador de todas las cosas del universo.

Entonces, ¿habrá algo imposible para Dios?

Medita en esto y piensa: tú no eres una perdedora, ni naciste por error o por casualidad, tú eres una mujer de poder, de propósito, nacida y marcada con un propósito, tú eres una verdadera vencedora, no mires las oposiciones que el enemigo pone en tu mente y en tu vida. Ten fe, mujer de Dios, cree en ti misma, cree que tú sí puedes y que Jesús te ha dado las herramientas para vencer y crecer en todo tu terreno y donde quiera que te encuentres.

Recuerda siempre que tu fe va creciendo en armonía con las circunstancias y se va haciendo cada día más sólida y mucho más fuerte; con esa fe y certeza fue que Jabes llegó a la presencia del Señor y, con esa simple y poderosa oración, tocó el corazón de Dios. Las pruebas te capacitan para ser perfeccionada.

Capítulo 2 - Ensancha tu territorio

En el verso 10, Jabes pide a Dios que ensanche su territorio. El temor es un monstruo que te paraliza; muchas veces has querido levantarte, pero por el miedo al fracaso te detienes, pues yo misma me estanqué muchas veces por el miedo.

Yo por muchos años viví una vida de miedos, de temores, vi cómo mis sueños y mis planes de triunfar se me iban de las manos por el miedo a fracasar y esa fue una de las tantas cosas que Dios trató en mi vida.

Dice su palabra que él no nos ha dado un espíritu de cobardía sino de amor y de dominio propio.

2 Timoteo 1:7 Porque no nos ha dado Dios espíritu de cobardía, sino de poder, de amor y de dominio propio.

No permitas que el temor robe tus sueños; levántate.

Hace algún tiempo el Señor puso esta idea de escribir este libro en mi corazón. El nombre del libro me lo dio mucho después y me lo dio en el momento en que mi fe estaba siendo probada, estaba pasando por momentos difíciles en mi vida, pero lo que más me asombra es que mi sueño no fue nunca escribir, pues nunca me gustó escribir, para mí eso era muy pesado y aburrido. Esto para mí fue un reto pues a veces lo que a ti no te gusta es lo que Dios usará para bendecirte y sacarte de tu comodidad, pues cada palabra que llegaba a mi mente para escribir este libro era como yo mirarme en un espejo y ver cómo viví una vida entera sin propósito y sin sueños, pues la mayoría de estas palabras fueron puestas en mi mente y en mi corazón por el Espíritu Santo para abrirles los ojos a muchas mujeres que, al igual que yo, han pasado su vida entera viviendo con temor y miedos.

Hoy Dios quiere que tú te levantes en el nombre de Jesucristo y que eches fuera todos tus miedos y temores, pues a quien Dios llama capacita. Mi querida lectora, lucha por tus sueños, pídele dirección a Dios, no te desanimes, ve por tus sueños, no permitas que tus caídas y problemas te alejen de tus metas; si tú caes por tus problemas levántate por tus sueños.

Pídele estrategias a Dios, Él es el mayor estratega, pídele que guíe tus pasos y tu mente sea cual sea tu sueño, ponles vida, enfócate en ellos. No permitas que el enemigo sabotee tu sueño; a él le encanta verte sin sueños, destruida, sin vida; tú tienes al mejor de los amigos, al Espíritu Santo, para aconsejarte y ayudarte a vencer todos los miedos que te han tenido estancada todo este tiempo.

Jabes entendió que el Dios de Israel era poderoso y que él podía hacerlo crecer. No te des por vencida, porque el Dios que ayudó a Jabes es el mismo Dios que está contigo. Cumple tus sueños, ensánchate; no importa cuán grandes o pequeños sean tus sueños, ensánchate en lo que sabes hacer y no en lo que no sabes hacer; despierta y camina en libertad. Quizás seas una excelente chef de cocina, usa eso para crecer. Si sabes coser, usa eso para crecer. Usa esos dones que Dios puso en ti. Jabes en su oración de ensanchamiento no le dijo al Señor en qué quería él crecer, Jabes pidió conforme a la voluntad de Dios para su vida.

PUNTO #2 - ENSÁNCHATE EN TU MINISTERIO

Tenemos que crecer espiritualmente sea cual sea el terreno que Dios nos mande. Permite que Dios alinee tu vida conforme a Su propósito en ella, crece en el área donde Él te ha colocado, donde sirves, que Él obre y conduzca tu vida de manera que tú seas una bendición en el ministerio donde Él te puso, pero sírvele con amor, no por obligación, porque a Dios no le agrada esa clase de servicio.

Este personaje de nombre Jabes pidió con desesperación crecer, no sé en qué área, si en lo espiritual o físicamente, pero Dios lo escuchó y él tenía la voluntad y el deseo de crecer fuera cual fuera la voluntad de Dios para su vida.

Ensánchate en tu relación con Dios, sé sincera y honesta, atrévete a mover el dulce corazón de tu Padre Celestial a tu favor; ora, habla con él. No tienes que usar un ritual de palabras en la oración sino una oración de amor; Dios ama la sinceridad, Dios ama un corazón humilde dispuesto a hacer todo para agradarle a él; escucha su voz en el silencio de la madrugada, en el silencio de la noche, deléitate en su presencia, crece en la intimidad con él, usa ese don que Dios puso en tus manos para bendecir tu ministerio, a tus hermanos de la fe, atrévete, sacúdete, deja de vivir sin propósito, sal, echa hacia delante. Dios quiere que tú seas prosperada en todo, así como prospera tu alma.

3 Juan 1:2: Amado, yo deseo que tú seas prosperado en todas las cosas, y que tengas salud, así como prospera tu alma.

PUNTO #3 - JABES PIDE A DIOS QUE LO LIBRE DEL MAL PARA QUE ESA BENDICIÓN NO LO DAÑE

Me impacta tanto cómo este personaje hace una oración completa; es como diciéndole a Dios que, si esa petición le fuera a traer más dolor a su vida, pues que no se la concediera; que si esa bendición lo iba a separar de él, él no la quería, pues cuando Dios te bendice, muchas veces el enemigo quiere robarte tu bendición, quiere saquear lo que Dios te ha dado, muchas veces quiere poner dudas en tu mente y robarte la paz. Jabes pidió una bendición completa, una bendición basada en la voluntad de Dios.

La oración de Jabes es parecida a la oración de Salomón cuando él le pide a Dios sabiduría y ciencia. Una oración sencilla, corta y a la vez con un corazón sincero, una oración de sabiduría divina poderosa.

> *2 Crónicas 1:10: Dame ahora sabiduría y ciencia, para presentarme delante de este pueblo; porque ¿quién podrá gobernar a este tu pueblo tan grande?*

Dios nos llama a prosperar, a crecer, y tú tienes en tus manos esa fuente, ese don para crecer, no es para guardarlo sino para ejercerlo para tu beneficio y el de tu familia.

PUNTO # 4 - ¡Y SI TU MANO ESTUVIERA CONMIGO!

Otro punto que debemos tener muy pendiente es que las manos de Dios estén con nosotras en todo cuanto deseamos o pedimos. Eso llamó mi atención: él pidió la protección y el cuidado de Dios para su vida, pues Jabes entendía que el que estaba en las manos de Dios estaba seguro de que no había viento ni marea que pudiera arrebatarlo de las manos de Dios.

Él estaba seguro de la cobertura que hay cuando nos dejamos dirigir completamente por Dios. Jesús pagó por tus temores, por tus dolores y pecados, recuérdalo siempre.

Salmos 37:4: Deléitate asimismo en Jehová, y él te concederá las peticiones de tu corazón.

Me acuerdo de un testimonio que leí en un libro de la pastora Yesenia Then, que Dios bendiga a esta sierva poderosa, leí en su libro acerca de una mujer que después de diez años trabajando para una compañía había sido despedida, y relata ella en su testimonio que cuando le dieron la inesperada noticia de su despido ella se preocupó y se puso muy triste, por lo cual preguntó al Señor cómo hacía para mantener a su familia, ya que ella no tenía a nadie que le ayudara, era madre soltera y no tenía recursos. Dice ella que estando de rodillas escuchó la voz de Dios en su espíritu y le dijo: "¿Qué tienes en la mano?". A lo que ella respondió: "No tengo nada, mis manos están vacías". Pero el Señor le contesta: "No tus manos no están vacías. Mira bien y dime, ¿qué tienes en tus manos?". Ella responde: "Solo tengo cinco dedos en cada mano". Y el Señor vuelve y le pregunta: "¿Qué más tienes?". Y ella contesta: "Tengo un carro viejo, del año 89". Y Dios una vez más le pregunta: "¿Y qué es lo que sabes hacer y te gusta hacer?". Y ella le contestó: "Me gusta mucho cocinar, Señor". Y fue entonces que a ella se le abrieron los ojos. Dios le mostró que ella tenía en sus manos su fuente de ingresos, la fuente para sustentar a su familia; que ella tenía el recurso para echar hacia delante, tenía el don de la cocina y un carrito donde transportar la comida.

Ella dice que pudo poner su propio negocio, su propio restaurante, y testifica que solo en un año había producido casi la cuarta parte de los ingresos que en diez años se ganó en el otro lugar donde había trabajado. Ese es el Dios a quien nosotras servimos, un Dios justo, un Dios que provee, un Dios que permitió que ella fuera despedida para bendecirla, un Dios Todopoderoso que está siempre al pendiente de sus hijos. Dios va a usar cualquier circunstancia para bendecirte y abrirte el entendimiento, para entregarte ese negocio, esa tierra prometida, para hacer de ti una mujer victoriosa. Para hacerte creer en lo que Dios ha puesto en tus manos, él usará cualquier método para abrirte los ojos y puedas salir hacia delante, para que puedas hacer tus sueños realidad de acuerdo con su voluntad, para que seas una mujer próspera en donde quiera que tus pies pisen.

Una persona que abandona su sueño es una persona sin visión, sin metas, y una persona que no lucha por sus sueños vive una vida frustrada y siempre le queda esa pregunta sin respuesta: ¿por qué no luché por mi sueño? O ¿qué hubiese pasado si yo lo hubiese realizado? Esas son preguntas sin respuesta. Realiza, visualiza tus sueños, abraza tu visión, enfócate, comienza a hacer el plano de tus sueños, sé tú misma tu propio arquitecto, no pares, tu sueño avanza, habla de tus sueños con personas sabias y temerosas de Dios que te den un buen consejo, busca a los ancianos de tu iglesia para que te aconsejen y te den estrategias.

No necesitamos grandes sumas de dinero para emprender nuestro sueño. Usa lo que Dios te ha dado. Debemos confiar más en nosotras mismas, las mujeres tenemos muchos dones que quizás no los hemos explorado. Fluye y enfócate con lo que sabes hacer. Te repito, si Dios puso un don o un ministerio en tus manos es porque él sabe que tú eres capaz de llevarlo, de cuidarlo y ponerlo en beneficio de su pueblo, de bendecir tu terreno, da por gracia lo que por gracia recibiste. Pero hay otra cosa que te quiero decir y es la más importante, busca y pasa tiempo con Dios y verás sus manos en tu vida de una manera asombrosa.

Deja que él dirija tus sueños y tu visión, tus finanzas, tu familia, tus planes, tu negocio; Él es el mayor administrador de todos los tiempos y en todos los sentidos activa tu fe; sin fe no podemos agradar a Dios, la fe es activar la confianza en Dios y es creer que ya tenemos en nuestras manos aquello que vemos en lo natural difícil, pero que en lo eterno y sobrenatural lo creemos que ya está en nuestras manos. Pon tu mirada en lo eterno y no en lo natural y verás grandes cosas que tus ojos jamás vieron, escucha con tus oídos espirituales la voz de Dios, las ideas que vienen y nacen del corazón de Dios.

No te desanimes, sigue adelante, no te detengas, cree en las ricas promesas de Dios para ti. Él nunca falla ni fallará, cree en su palabra, que nunca, jamás, volverá vacía.

Que Dios te bendiga e ilumine tu mente, que podamos ver todas esas promesas e ideas que Dios tiene para nosotras, recordemos que aquel que abrió el Mar Rojo está en control y que su poder sigue y seguirá por siempre. Dios te guíe siempre.

Capítulo 3 -
Un pequeño testimonio

Cuando era niña mi sueño era ser cantante. Me gustaba mucho la música, especialmente cantar, y no lo hacía mal. En ese entonces no era cristiana, no conocía a Jesús. Una vez mi madre me mandó con una prima a un programa de televisión infantil donde se buscaba talento para la música y el canto. Cuando me tocó el turno de presentarme ante el productor del programa, él se me acerca y me dice: "Te quiero escuchar cantar". En ese momento se me aflojaron las rodillas y me entró un pánico, un miedo que me paralizó y no pude cantar ante esa persona, y siempre me preguntaba a mí misma dónde estaría yo hoy si hubiese cantado ese día. Siempre me lo reprochaba.

Viví por un tiempo incómoda conmigo misma, pues yo misma me miraba al espejo y me decía cobarde, eso sucede cuando nos dejamos amedrentar por el temor al fracaso. Quizás dejé ir mi sueño por no saber quién era yo para Dios, por no conocer su palabra de que Él me hizo más que vencedora en Cristo Jesús. No conocía el ADN de tener la sangre de Jesús cubriendo mi vida y llevándose todo ese miedo y temor que yo tenía.

Antes esa era mi pregunta: ¿qué hubiese pasado si no me hubiese dejado dominar por el miedo?

Esa pregunta siempre me la hice. Siempre me lo reprochaba, y ese fue uno de los muchos sueños que dejé perder en mi vida, pues vivía siempre del qué dirán, que si lo hacía bien, que si lo hacía mal, vivía más bien de lo que pensaría de mí la gente.

Cuando pensamos en lo que las personas piensan de nosotros, nos estancamos y vivimos una vida mediocre. No vivimos una vida plena como Dios quiere que la vivamos, sin miedos ni temores. Cuando se deja ir la oportunidad o cuando le permites al temor que arruine tu vida nos estancamos, nos acobardamos. No permitas que el temor arruine tu vida y se lleve tus sueños, tus anhelos, tus planes.

2 Timoteo 1:7: *Porque no nos ha dado Dios espíritu de cobardía, sino de poder, de amor y de dominio propio.*

Esta es la receta que dejo el apóstol Pablo para que la iglesia de Cristo se despoje de todo temor y miedo, pues el miedo no nos deja crecer.

Hubo tantos sueños en mi vida, frustrada por no atreverme a conquistarlos, a realizarlos. El temor te aniquila y hace que tú misma te veas pequeña, o cualquier cosa. Pues hay muchas mujeres que están pasando por lo mismo, pero Dios quiere que nos despojemos de esos miedos que el enemigo pone en nuestras vidas, en nuestra mente.

Dios nos pide crecer en todo, menos en el pecado, ahí es cuando sí debemos temer y menguar cada día para ser mejores personas, mujeres temerosas de ofender a Dios; mi mayor deseo y anhelo es crecer en Él, en Dios, espiritualmente.

Cuando nos enfocamos y ponemos la mirada en lo eterno, y dejamos que sea Dios el capitán que dirija nuestra barca, nuestros planes y sueños se realizarán al tiempo de Dios, pues todo en abundancia te llega, no tienes que ni siquiera pedirlo.

Busquemos cada día el reino de Dios y su justicia, no busquemos solo los panes y los peces sino al proveedor, al rey de los milagros, al rey de lo imposible, al bendito.

Mateo 6:33: Mas buscad primeramente el reino de Dios y su justicia, y todas estas cosas os serán añadidas.

Cuando aprendamos a vivir conforme a esta promesa, nuestros sueños y planes vendrán con éxitos a nuestras vidas, todas las bendiciones nos perseguirán y en todo nos irá bien. Y recuerda que en

1 Juan 4:18 dice: el perfecto amor echa fuera el temor.

Así que hacia adelante, que Dios nos ha dado la receta clave para vencer el temor. Camina sin miedo, mujer, tú eres poderosa, Dios te ha dado el poder, camina hacia la meta, no te quedes parada en la puertas que se te han cerrado; sigue adelante, tú tienes en tus manos el don, las herramientas para salir adelante, y más adelante vas a conocer a mujeres que no se detuvieron ante nada ni nadie. Arrebata tus sueños y tus bendiciones.

Capítulo 4 - Débora, una mujer llena de fe y de valor

Débora era una mujer llena de virtudes. Vivía una vida totalmente de sumisión a Dios y había crecido en todos los ángulos de su vida, pues como dice la escritura ella fue gobernadora, jueza, profeta y casada, una mujer totalmente plena, y aparte de todo tenía una amplia y estrecha relación con Dios, que era lo más importante.

Ella como mujer no le temía a nada. Un día ella llama a Barac y le da un mensaje de parte de Dios: que él les entregara a sus enemigos en sus manos. Y Barac le responde: "Si tú vas conmigo yo iré, pero si no fueras conmigo no iré". ¡Wow!, eso es lo que marca la diferencia en una mujer de propósito, una mujer de valor, de unción, esa mujer le daba confianza a Barac y no era porque ella era gobernadora sino porque ella era una mujer que iba guiada y dirigida por Dios.

Barac sentía que si ella iba con él a la guerra tendría a Dios luchando con él, que eso le aseguraría la victoria, el triunfo; esto es asombroso, que a través de una mujer guiada por el espíritu de Dios obtuviera el triunfo, él la quiso tener cerca y eso es lo que transmite una mujer cuando deja que Dios tome totalmente el control de su vida.

Dios quiere que se levanten mujeres como Débora, mujeres de valor, de fe, mujeres obedientes que donde quiera que vayan marquen la diferencia, que sean mujeres seguras del gran valor que tienen ante los ojos de Dios.

Débora se ensanchó en todo su territorio, ella nunca soltó su armadura, nunca le tuvo miedo a nada. Eso fue lo que Barac vio en ella, que él no tenía esa esencia que viene de lo alto de Dios, él no tenía esa conexión ni intimidad con Dios. Sé una mujer determinada, enfócate.

Si todas las mujeres fuéramos como Débora no tendríamos que pedirle a Dios bendiciones, pues lo tendríamos todo automáticamente. Tendríamos tan feliz a Dios que no pasaríamos por tantas cosas. Pero somos nosotras mismas las que nos estancamos y nos alejamos de Dios, nosotras mismas nos ponemos límites y por eso vivimos una vida de desesperanza. Lucha, no te limites, sacúdete y comienza a abrazar tu visión, tus sueños, usa las armaduras que usó Débora y no te detengas.

Mujer hermosa, profetízate a ti misma, a tus hijos, a tu esposo, a tu familia, profetízale a tu casa, a tu ministerio, a tu vida espiritual, a todo tu entorno con fe y confianza en Dios, y verás cómo tu vida cambia y dará un giro extraordinario en toda tu vida.

Sé una guerrera como Débora; ella supo el gran propósito con que Dios la creó, ella fue una mujer de visión, una mujer empoderada llena de gracia y virtudes. Tú también tienes todas esas virtudes, solo agárralas fuerte y hazlas tuyas, tú eres un ser lleno de dones y virtudes.

Tus manos están llenas, no te conformes con lo ordinario, con la monotonía diaria, tú eres maravillosa y fuerte en gran manera. No te cierres tú misma la puerta al triunfo, no te conformes solo con ir a la iglesia a calentar un asiento; no, no, ve con el deseo de que Dios hable a tu vida, de que su palabra quede tatuada en tu corazón, en tu vida. Seamos mujeres de propósito, de sueños, prósperas, que impactemos en generaciones, en vidas. Busquemos cada día intimar con Dios, buscarlo con nuestro ser, y veremos cómo el Señor mueve todo a favor. Espera siempre el tiempo de Dios, pues recuerda siempre que tus tiempos no son los tiempos de Él, que los tiempos de Dios no son nuestros tiempos.

Abraza tus sueños, enfócate en ellos y cuando llegue tu tiempo verás que valió la pena la espera, que valió la pena luchar por ellos.

Jueces 4:6-8: Y ella envió a llamar a Barac hijo de Abinoam, de Cedes de Neftalí, y le dijo: ¿No te ha mandado Jehová Dios de Israel, diciendo: Ve, junta a tu gente en el monte de Tabor, y toma contigo diez mil hombres de la tribu de Neftalí y de la tribu de Zabulón; ⁷ y yo atraeré hacia ti al arroyo de Cisón a Sísara, capitán del ejército de Jabín, con sus carros y su ejército, y lo entregaré en tus manos? ⁸ Barac le respondió: Si tú fueres conmigo, yo iré; pero si no fueres conmigo, no iré.

REFLEXIÓN: AFÉRRATE A LA VID Y NO A LA VANIDAD QUE OFRECE EL MUNDO.

Todo es pasajero: las riquezas, los dones. Lo único verdadero es nuestra intimidad y obediencia a Dios, y esa relación que no tiene precio. Jesús es nuestro único y suficiente rey y salvador.

Él es quien pone esos sueños, esa visión, esos planes en nuestro corazón, pues de qué nos sirve tener sueños, planes, visión, si no lo ponemos como el centro de nuestras vidas, como el arquitecto de nuestros planes y sueños; de qué nos sirve tener riquezas si en nuestro corazón no hay agradecimiento, no hay paz, si no existe esa riqueza espiritual nadamos contra la corriente del río de Dios.

Él quiere lo mejor para ti, mujer hermosa. Aférrate a la vid así como los pámpanos, no te desenfoques, continúa luchando, eres poderosa, eres amada, eres una princesa, eres privilegiada, eres virtuosa. No te limites, recuerda que los límites los pones tú.

PUNTO #1 - PON TUS DONES AL SERVICIO

Los dones no son para guardarlos, son para ponerlos en beneficio de los demás, en especial de tu iglesia, de tu familia. Te presento a Dorcas, una mujer bondadosa y noble. Dorcas fue una mujer muy querida por todos en Jope por sus obras de caridad, fue una gran mujer humanitaria; ella era una gran diseñadora, fue reconocida por sus hermanos por sus hermosos vestidos y ropas íntimas que hacía para aquellas mujeres necesitadas, por ejemplo las viudas. Dorcas usó su talento para ayudar a esas mujeres de bajos recursos.

¿Estás tú usando lo que Dios ha puesto en tus manos? Sea cual sea el don que Dios te dio, debes usarlo para bendecir y salir adelante con tu familia. Quizás Dorcas no usó ese don que ella tenía para beneficio propio; la necesidad de esta noble mujer era bendecir a su prójimo, ese era su mayor sueño, la forma de demostrar su amor a tantas mujeres necesitadas que quizás no tenían para comprarse una prenda íntima, un vestido. Ella no creció quizá en lo material, pero creció en amor, creció en su territorio porque fue una mujer muy amada y respetada por todo Jope.

Proyéctate y fluye; tú tienes las herramientas en tus manos, saca provecho de esa agilidad que hay en ti. Dorcas se dio a conocer por esos hermosos vestidos que diseñaba. Cuando ella muere todo Jope entristece, hasta el punto de que buscaron a Pedro, que estaba cerca de la ciudad, para que la resucitara, y fue resucitada y esto causó que todo Jope creyera en el Señor.

¿Viste qué bendición cuando ponemos al servicio de los demás lo que tenemos en las manos? Un resultado o una buena acción trajó una gran salvación, el arrepentimiento de todo un pueblo. Dorcas fue la fuente que usó Jesús para la salvación de esas almas que estaban sin Dios. Qué victoria desencadenó esta historia, todo un pueblo aceptó a Dios. Esta historia se compone de cuatro hermosos mensajes.

1. Amor.
2. Bondad.
3. Propósito.
4. Salvación.

Nunca se sabe lo que puede suceder por medio de una buena acción, en especial lo que Dios pueda permitir a través de tu solidaridad con los demás. Sé una mujer de visión como Dorcas.

Hechos 9:36-42: Había entonces en Jope una discípula llamada Tabita, que traducido quiere decir Dorcas. Esta abundaba en buenas obras y en limosnas que hacía. [37] Y aconteció que en aquellos días enfermó y murió. Después de lavada, la pusieron en una sala. [38] Y como Lida estaba cerca de Jope, los discípulos, oyendo que Pedro estaba allí, le enviaron dos hombres, a rogarle: No tardes en venir a nosotros. [39] Levantándose entonces Pedro, fue con ellos; y cuando llegó, le llevaron a la sala, donde le rodearon todas las viudas, llorando y mostrando las túnicas y los vestidos que Dorcas hacía cuando estaba con ellas. ⁴⁰ Entonces, sacando a todos, Pedro se puso de rodillas y oró; y volviéndose al cuerpo, dijo: Tabita, levántate. Y ella abrió los ojos, y al ver a Pedro, se incorporó. ⁴¹ Y él, dándole la mano, la levantó; entonces, llamando a los santos y a las viudas, la presentó viva. ⁴² Esto fue notorio en toda Jope, y muchos creyeron en el Señor.

PUNTO #2 – EL ACEITE DE LA VIUDA. ¿QUÉ TIENES EN CASA?

2 Reyes 4:1-7: Una mujer, de las mujeres de los hijos de los profetas, clamó a Eliseo, diciendo: Tu siervo mi marido ha muerto; y tú sabes que tu siervo era temeroso de Jehová; y ha venido el acreedor para tomarse dos hijos míos por siervos. ² Y Eliseo le dijo: ¿Qué te haré yo? Decláreme qué tienes en casa. Y ella dijo: Tu sierva ninguna cosa tiene en casa, sino una vasija de aceite. ³ Él le dijo: Ve y pide para ti vasijas prestadas de todos tus vecinos, vasijas vacías, no pocas. ⁴ Entra luego, y enciérrate tú y tus hijos; y echa en todas las vasijas, y cuando una esté llena, ponla aparte. ⁵ Y se fue la mujer, y cerró la puerta encerrándose ella y sus hijos; y ellos le traían las vasijas, y ella echaba del aceite. ⁶ Cuando las vasijas estuvieron llenas, dijo a un hijo suyo: Tráeme aun otras vasijas. Y él dijo: No hay más vasijas. Entonces cesó el aceite. ⁷ Vino ella luego, y lo contó al varón de Dios, el cual dijo: Ve y vende el aceite, y paga a tus acreedores; y tú y tus hijos vivid de lo que quede.

Se puede llegar a tener en abundancia las bendiciones de Dios en la medida en que se está dispuesta a recibir. Solo tú determinas qué mucho o cuán poco quieres recibir de Dios. Aquí vemos un hermoso caso de fe en que la viuda, sin preguntar nada, fue y obedeció a lo que Eliseo le dijo que hiciera. Ella no preguntó si con esa pequeña cantidad de aceite que ella tenía podría llenar todas esas vasijas que le dice Eliseo que busque prestadas. Eliseo solo declara la palabra, ni siquiera va con ella para orar y poner su mano sobre la vasija, él solamente lo declara en fe pues recordemos que Eliseo tenía la doble porción de Elías. Ella logra conseguir una gran cantidad de vasijas y logra llenarlas todas, pero lo que más me ministró y me impactó de esta hermosa historia fue cuando ella le pide a uno de sus hijos "tráeme aun otras vasijas" y él le responde "no hay más vasijas", entonces el aceite se acaba, cesa el aceite por no haber más vasijas para llenar.

Podemos ver que las provisiones y bendiciones que Dios nos da pueden llegar hasta donde tú quieras, pues inmediatamente después de que se terminaron las vasijas dejó de fluir el aceite, dejó de fluir la bendición, o sea, la bendición terminó porque la viuda ya no tenía más vasijas para llenar, pues hasta que hubo vasijas el aceite no se acababa. Entonces, al no tener más fuente para recibir, ahí cesó la bendición. Cuando las bendiciones cesan es que pedimos con las manos cerradas.

Tus sueños se pierden cuando no les ponemos importancia y solo nos volvemos soñadoras sin propósitos. La viuda pagó la deuda y le quedó dinero para vivir tranquila con sus hijos. Siempre tenemos algo en casa que por más insignificante y pequeño que lo veas, eso quizá te puede servir y ayudar a salir adelante con tu familia y puede servir de bendición a otras vidas, abrirte camino.

Pídele a Dios que llene también tu vasija espiritual para que puedas ver las bendiciones y la gracia de Dios en tu vida. Tú determinas cuánto es suficiente, tú determinas en qué medida o tamaño quieres crecer; tú, así como la viuda, determinas cuántas vasijas quieres que Dios llene en tu vida. ¿Tienes bastantes vasijas para llenar cuando lleguen esas bendiciones a tu vida? Pues tú decides la cantidad, porque de acuerdo a tu cantidad de vasijas así será la bendición que recibas.

POEMA

No ceses en buscar de Jesús, en cumplir ese hermoso sueño que Él ha puesto en tu corazón, Él es ese aceite fresco, fino, con un delicioso aroma que inunda tu ser, que cambia tu manera de ser, de pensar, de sentir, ese aceite fresco que lo puedes recibir solo cuando estás en su presencia, cuando creces en Él a través de tu relación e intimidad con Él, cuando abandonas tu dependencia de ti misma y sometes tus fuerzas, tus debilidades, tu carácter, ahí es cuando menguamos y comenzamos a crecer y florecer en Él. Deja que el Espíritu de Dios te arrope, te inunde. Llena tus vasijas con su aceite.

PUNTO #3 – UNA VISIÓN REDENTORA

Así le llamo a la visión que Dios puso en mis pastores. Cuando visité por primera vez lo que hoy es mi iglesia, me impresioné tanto al ver a tantas personas congregarse, y yo me preguntaba cómo los pastores de esta iglesia socializaban con tantas personas, y volvía y me hacía la misma pregunta: ¿conocerán ellos a cada persona que ahí se congrega? Y eso me llevó a pensar por un instante en no seguir visitando la iglesia, pues me decía a mí misma que el pastor de una iglesia debía tener contacto con su redil, y que debía interactuar con cada miembro, o sea, conocerlos, pero seguí visitando y me fui dando cuenta de que mis pastores estaban muy pendientes de todo ese rebaño que Dios había puesto en sus manos.

Me impresionaba ver a mis pastores, después que terminaba el servicio, en la puerta de salida, saludando, abrazando y besando a cada persona con ese amor, y también me di cuenta de que ellos conocían a cada persona que ahí se congregaba. Eso me ministró mucho pues nunca antes había visto eso en ninguna iglesia; claro, las pocas veces que visitaba una iglesia. Y ahí empecé a conocerlos.

Cuando escuché sus testimonios y esa visión que Dios puso en ellos, una visión que hoy en día necesita cada familia, cada matrimonio, que es de reconstruirse, redimirse, vivir en unidad, reparar aquellas familias destruidas, levantar esos matrimonios destruidos y sin esperanza, ese fue el sueño que Dios puso en los corazones de mis pastores, un matrimonio ejemplar. Dios los ha usado de bendición para enseñar a las familias a conocer y depender totalmente del Señor y darle a Dios el lugar que merece, el primer lugar, que Él sea nuestra fuente y nuestro todo.

Mis pastores han ensanchado a plenitud ese sueño y visión que Dios puso en ellos. Fue el plan de Él para salvar y reparar aquellas familias destruidas por el pecado y la maldición.

Mis pastores se negaron a ellos mismos para que la visión y el sueño de Dios se cumpliera en ellos. Mis pastores se ensancharon en todo su terreno, tanto espiritual como físicamente, Dios ha derramado su poder en ellos y eso se debe a la obediencia y amor que ellos tienen hacia Dios. Son unos pastores íntegros y leales. Después de Jesús, son las personas que más anhelo y deseo ser como ellos, pues en ellos miro a Jesús y con ello mi fe aumenta, porque sé que le sirvo a un Dios vivo, real, que está al cuidado de sus fieles veinticuatro siete.

Mantén firme tu fe en Dios, y Dios te mantendrámfirme en el camino.

Aprendí a conocer a Jesús a través de las vidas de mis pastores. En el poco tiempo de conocerlos he visto cómo Dios los va llevando de poder en poder y de gloria en gloria, cómo Dios va cumpliendo su misión y sueños a través de ellos. Los ha usado para reparar esas grietas que dejaron las marcas del pecado en la vida de cada persona y en mi vida.

Mis pastores fueron obedientes al llamado de Dios. Ellos esperaron el tiempo de cumplirse la visión. Hoy en día mi iglesia se ha expandido, ha crecido en algunos estados de Nueva York, pero ellos avanzaron la visión, el sueño, y tuvieron que pagar el precio, pues se mantuvieron firmes, inamovibles, por nada se desviaron del camino y el propósito de Dios. Le doy muchas gracias a Dios por las vidas de mis pastores, pastores conforme al corazón de Dios.

Hoy mi iglesia se ha multiplicado y seguirá multiplicándose, pues todavía hay muchas partes del mundo donde hay familias que necesitan conocer a Dios y de su grandeza, familias que necesitan ser rescatadas y restauradas por Dios, y confío que la visión que Dios puso en mis pastores llegará hasta todos los confines de la Tierra, porque creo que el Señor levantará pastores con la misma visión y llamado para reparar portillos, esos agujeros que nos marcan y nos alejan de Dios.

Esta visión seguirá. Por eso te exhorto a que ores por tus pastores, pues ellos llevan nuestro peso encima. La vida de un pastor es un compromiso con Dios, con una iglesia, con un rebaño en donde ellos tienen que pastorear personas con diferentes caracteres o temperamentos, donde al final Dios les pedirá cuentas a ellos de cómo condujeron ese rebaño que él puso en sus manos. Ora por la familia pastoral, los pastores necesitan específicamente de la oración pues el enemigo y sus secuaces harán todo lo que puedan para destruir el ministerio y visión de tus pastores. Ora por su protección, ora por su familia, que son el blanco del enemigo para quererlos sacar de combate y a la vez alejarlos del propósito y plan de Dios; ora para que ellos puedan resistir las críticas y las provocaciones.

Si queremos tener una iglesia saludable, si queremos vencer al enemigo en esta batalla, ora por tus pastores, pongámonos siempre a la brecha por nuestros pastores, pues con nuestras oraciones los fortalecemos. Aarón y Hur levantaron las manos de Moisés en las luchas contra Amalec; levantemos las manos de nuestros pastores cada día orando por ellos.

Éxodo 17:12: Y las manos de Moisés se cansaban; por lo que tomaron una piedra, y la pusieron debajo de él, y se sentó sobre ella; y Aarón y Hur sostenían sus manos, el uno de un lado y el otro de otro; así hubo en sus manos firmeza hasta que se puso el sol.

Isaías 58:12: Y los tuyos edificarán las ruinas antiguas; los cimientos de generación y generación levantarás, y serás llamado reparador de portillos, restaurador de calzadas para habitar.

1 Timoteo 5:17: Los ancianos que gobiernan bien, sean tenidos por dignos de doble honor, mayormente los que trabajan en predicar y enseñar.

Hebreos 13:17: Obedeced a vuestros pastores, y sujetaos a ellos; porque ellos velan por vuestras almas, como quienes han de dar cuenta; para que lo hagan con alegría, y no quejándose, porque esto no os es provechoso.

Dios bendiga la vida de mis pastores y de todos los pastores alrededor del mundo.

Capítulo 5 - No sueltes tus sueños

José a los diecisiete años tuvo un sueño, aunque él no sabía su significado, pero Dios sí, pues él tenía un plan y un propósito con ese sueño en la vida de José.

José se caía y se levantaba hasta que Dios decidió levantarlo por completo haciéndolo gobernador de Egipto, pero José tuvo que pasar por un largo y tedioso proceso. Él fue llamado rama fructífera, pues donde quiera que José llegaba todo prosperada y era por su obediencia e integridad.

José huyó de la tentación, no se inclinó a ningún Baal o ningún ídolo y se mantuvo fiel a Dios en todo momento de tentación y de pruebas. Él no se doblegó; por eso Dios lo honra y lo pone por encima de su casa, de sus hermanos, haciéndolo gobernador de todas esas tierras de Egipto para salvar a la humanidad y poder cumplir la promesa que Dios le hizo a sus padres. José abrazó el sueño de Dios y siguió la meta de cumplirlo.

Cada proceso, cada prueba, trae consigo un gran y eterno peso de gloria, pues primero tienes, mujer, que pasar tribulaciones, tienes que ser probadas como el oro, y así como fue probado José, para estar preparada para cumplir ese sueño que hay en tu corazón. No te desenfoques, prepárate a lograr y alcanzar tus sueños, no los guardes ni los eches al olvido. Hay un tiempo, hay una hora en que tú, princesa del Dios Altísimo, verás tu sueño cumplirse, así como José. Dile a tu desierto: "Sabes que solo veras mis huellas, pero mis huesos nunca los verás". Aférrate a Él, ponlo en tu barca, deja que sea tu capitán, tu comandante, el jefe Jesucristo.

Toda prueba trae su bendición. Cuanto más grandes sean tus pruebas, más grande es tu bendición. José fue honesto e íntegro y eso agradó a Dios; José no perdió sus sueños, no pierdas los tuyos. José no se contaminó con la idolatría de Egipto ni con sus costumbres; él llevaba enfrente la marca y el ADN de Dios, él llevaba enfrente el sueño del plan de Dios para salvar a su descendencia y al mundo.

> *Génesis 37:5-11: Y soñó José un sueño, y lo contó a sus hermanos; y ellos llegaron a aborrecerle más todavía. ⁶ Y él les dijo: Oíd ahora este sueño que he soñado: ⁷ He aquí que atábamos manojos en medio del campo, y he aquí que mi manojo se levantaba y estaba derecho, y que vuestros manojos estaban alrededor y se inclinaban al mío. ⁸ Le respondieron sus hermanos: ¿Reinarás tú sobre nosotros, o señorearás sobre nosotros? Y le aborrecieron aún más a causa de sus sueños y sus palabras. ⁹ Soñó aun otro sueño, y lo contó a sus hermanos, diciendo: He aquí que he soñado otro sueño, y he aquí que el sol y la luna y once estrellas se inclinaban a mí. ¹⁰ Y lo contó a su padre y a sus hermanos; y su padre le reprendió, y le dijo: ¿Qué sueño es este que soñaste? ¿Acaso vendremos yo y tu madre y tus hermanos a postrarnos en tierra ante ti? ¹¹ Y sus hermanos le tenían envidia, mas su padre meditaba en esto.*

José era maltratado por sus hermanos y envidiado por ellos, pero ese fue el plan de Dios para preservar la descendencia y mantener el pacto que hizo con Abraham. Dios hará cualquier cosa y se valdrá de lo que sea para cumplir su sueño, para cumplir tu sueño y su propósito en ti. No te alejes del propósito que ya Dios está trabajando en ti. Agarra tu sueño, no lo sueltes.

PUNTO #2 – REFERENCIAS DE PERSONAJES BÍBLICOS QUE VIERON SUS SUEÑOS REALIZARSE:

Quiero que sepas que lo primero que Dios hace para construir tu fe es darte un sueño. Cuando Dios quiere trabajar en tu vida, Él siempre da un sueño de ti, de lo que quieres hacer, cómo se va a hacer y cómo se va a usar tu vida para impactar al mundo. Veamos unos ejemplos.

- Dios le dio a Noé el sueño de construir un arca. *Génesis 6:13-14: Dijo, pues, Dios a Noé: He decidido el fin de todo ser, porque la Tierra está llena de violencia a causa de ellos; y he aquí que yo los destruiré con la Tierra. 14 Hazte un arca de madera de gofer; harás aposentos en el arca, y la calafatearás con brea por dentro y por fuera.*

- Dios le dio a Abraham el sueño de ser el padre de una gran nación. *Génesis 12:2: Y haré de ti una nación grande, y te bendeciré, y engrandeceré tu nombre, y serás bendición.*

- Dios le dio a José el sueño de ser un líder para poder salvar a su pueblo. *Génesis 37:7: He aquí que atábamos manojos en medio del campo, y he aquí que mi manojo se levantaba y estaba derecho, y que vuestros manojos estaban alrededor y se inclinaban al mío.*

- Dios le dio a Nehemías el sueño de construir un muro alrededor de Jerusalén. *Nehemías 2:17: Les dije, pues: Vosotros veis el mal en que estamos, que Jerusalén está desierta, y sus puertas consumidas por el fuego;*

venid, y edifiquemos el muro de Jerusalén, y no estemos más en oprobio.

- Dios le dio un sueño a Nabucodonosor para que Daniel pudiera interpretarlo y engrandeciera el nombre de Dios y su poder ante Nabucodonosor, y a la vez bendijera a Daniel proclamándolo gobernador de Babilonia. Nabucodonosor conoció al Dios verdadero Señor de Señores a través de ese sueño donde también Dios le confirmó su reinado dándole poder y haciéndolo rey de reyes en Babilonia. *Daniel 2.*

PUNTO #3 – UN EJEMPLO DE MOTIVACIÓN

Siempre hay alguien a tu alrededor a quien tú sueles mirar como un ejemplo y te dices a ti misma: "Me gustaría ser como esa persona". O sea, sientes una gran admiración por esa persona.

En mi congregación hay una mujer que impacta mucho mi vida, una tremenda sierva guerrera de Dios que ha sabido darle el lugar que Él se merece; una mujer luchadora, madre soltera, pues aun siendo madre soltera ha salido adelante con sus hijos, con su ministerio, su servicio a Dios, ella se ha ensanchado en las pruebas que ha tenido que pasar, se ha ensanchado en su vida espiritual, física, la veo siempre disfrutando de sus hijos, de la vida, viviéndola al máximo como ella siempre dice. Esta mujer, a pesar de atravesar por un divorcio, se mantuvo firme, no se desenfocó en ningún momento, nunca se alejó de Dios; al contrario, se aferró más a Dios, a sus promesas, le ganó la batalla al cáncer, Dios ha hecho maravillas y milagros en la vida de esta tremenda mujer.

Su diestra siempre la sostuvo en todo; en sus momentos de aflicción, de pruebas, ella vive su vida con libertad, ella es una mujer de propósito, sabe el propósito con que el Señor la llamó. Cuando la veo ministrar veo esa luz en ella y es la luz de Jesús.

Dios anda buscando mujeres como ella, mujeres de valor, mujeres de destino, seguras, con fe, con sueños y visión. Esta ministra ha pagado el precio y Dios la ha levantado y honrado, es una mujer que se ha ensanchado en su vida y también en lo profesional, pues ella se mantiene buscando siempre el reino de Dios y su justicia.

Mateo 6:33: Mas buscad primeramente el reino de Dios y su justicia, y todas estas cosas os serán añadidas.

Bendigo a esta poderosa sierva y guerrera de Dios. Amén.

Capítulo 6 -
Escogida para salvar

¿Alguna vez has dudado acerca del propósito de Dios en tu vida? Te presento a Ester, una mujer escogida y con un gran llamado de Dios.

Ester 2:4: Y la doncella que agrade a los ojos del rey, reine en lugar de Vasti. Esto agradó a los ojos del rey, y lo hizo así.

Cuando a Ester le tocó presentarse ante el rey solo llevó lo indicado por el hombre de confianza del rey. Ya para entonces ella se había ganado la simpatía de todos.

Ester 2:15: Cuando le llegó a Ester, hija de Abihail tío de Mardoqueo, quien la había tomado por hija, el tiempo de venir al rey, ninguna cosa procuró sino lo que dijo Hegai, eunuco del rey, guarda de las mujeres; y ganaba Ester el favor de todos los que la veían.

Y se presentó ante el rey y este se enamoró de ella y le favoreció y le puso corona real y la nombró reina.

Ester 2:18: Hizo luego el rey un gran banquete a todos sus príncipes y siervos, el banquete de Ester; y disminuyó tributos a las provincias, e hizo y dio mercedes conforme a la generosidad real.

Ester fue una mujer que honró a Dios y fue honrada ante los hombres. Fue escogida para salvar a su pueblo y por su fe y el favor que recibió cumplió su propósito en el tiempo perfecto de Dios, ya que tenía un fuerte enemigo que quería oprimir a su pueblo, pero Dios tenía un gran propósito para ella.

Ella puso su vida en manos de Dios para librarse de ese enemigo, pero Dios ya tenía todo planeado para que en ella se cumpliera en su mayor esplendor su gran propósito.

Mardoqueo estaba seguro de que Dios llevó a Ester al reinado con un propósito y era el de salvar a su pueblo de la destrucción que se le avecinaba. Me gusta cuando él le dice a Ester: "Mas tú y la casa de tu padre pereceréis".

> *Ester 4:14: Porque si callas absolutamente en este tiempo, respiro y liberación vendrá de alguna otra parte para los judíos; mas tú y la casa de tu padre pereceréis. ¿Y quién sabe si para esta hora has llegado al reino?*

Le quiso decir: no importa que seas reina, tú y tu casa perecerán también, pues Dios usará todo lo que tenga que usar para salvar a su pueblo y cumplir su propósito, o sea la vida de Ester no estaba garantizada por el simple hecho de ser reina, no estaba libre de aquel decreto de muerte que amenazaba a su pueblo, pues Dios permitió que Ester fuera arrancada de su hogar, de su única familia, que era Mardoqueo, con el propósito y el plan de salvar de ese decreto mortal a todo su pueblo elegido y amado.

Mujer, tú naciste con un propósito, un llamado para marcar tu territorio y ensancharte en él para impactar naciones y vidas, ¿escuchas? Dios usó a Ester para que ella cumpliera esa visión, ese sueño de Dios de ver a su pueblo libre de toda destrucción y decreto de muerte. Dios sueña con que todos sus hijos se vuelvan y crean en Él, por tanto, Él usará cualquier método o persona para que eso pase. Prepárate, porque esa persona puedes ser tú. ¿Te atreves a cumplir el sueño de Dios? Respóndete a ti misma con amor de Jesús para ti.

PUNTO #2 – ENTRA A POSEER TU TIERRA

Hay ocasiones en que nos vemos abrumados por el temor y nuestra mala manera de siempre ver lo malo y lo negativo de las cosas. A veces nos enfocamos en ver solo las cosas malas, y las buenas las ignoramos.

Dios nos hace entrega de algo y no sabemos qué hacer con lo que Él ha puesto en nuestras manos, nos turbamos, nos molestamos por las circunstancias o por lo que vemos con nuestros ojos pues nos enfocamos en lo supuestamente malo y nos olvidamos de las promesas de Dios, nos olvidamos de con quién andamos y quien lo ha prometido y nos paralizamos a tal extremo que nos quedamos estancados, sin dar un paso hacia delante ni hacia atrás, nos quedamos parados viendo cómo se nos pasan los años y no hacemos nada para dejar a nuestras familias un legado, un buen ejemplo o quizá un recuerdo para que ellos puedan decir: esto lo hizo mi madre o mi padre.

Muchas veces nos importa más lo que las personas digan o piensen de nosotras que lo que Dios piensa de nosotras.

Aquí vemos a un hombre que dejó un hermoso legado a su pueblo y a su familia, un hombre de autoridad, de valor, decidido a entrar a poseer esa tierra que Dios prometió al pueblo de Israel, la tierra de la que fluye leche y miel. Vemos que Caleb manda a callar al pueblo de Israel pues solo miraban lo malo, lo carnal, lo natural, y se atemorizaban de los gigantes que veían sus ojos y se olvidaban de quién era el que iba con ellos al frente guiándolos, peleando por ellos, se entorpecían por el temor y el miedo y se les olvidaban las grandes cosas que Dios hacía a favor de ellos cuando los sacó de Egipto.

Caleb era un hombre determinado y sabía a qué Dios le creía. Él sabía que el Dios al que servía era más grande que cualquier gigante que se le atravesara por delante; él conocía el poder de Dios, ese Dios que los alumbraba de día y de noche, que les daba de comer, de beber, ese Dios Todopoderoso que hizo que sus vestiduras no se desgastaran. Caleb sabía dónde estaba parado, reconociendo que para Él no había nada imposible.

Dios hoy está buscando guerreras, personas como Caleb que no se atemoricen ante nada, que no se doblequen, que no se intimiden por lo que ven sus ojos naturales, sino que avancen hacia esa tierra que ya él nos ha entregado. Jesús es el que pelea nuestras batallas.

Querida, entra a tu tierra, fertilízate en ella, expándete en tu territorio, en tu tierra que ya te fue dada. Tú no vas sola, tú vas con el gran León de la tribu de Judá; reconócela y entra en ella, toma posición, no mires a los gigantes, mira a tu creador; no mires los problemas, el sueño de Jesús es entregarte la tierra. Llénate de valor y de la determinación de Caleb y avanza hacia las metas de tus sueños; haz brillar tu luz, brilla con tu luz propia, pues recuerda que Dios tenía propósitos y planes contigo desde el vientre de tu madre.

Abrázate del Señor, pon tus sueños en sus manos y todos tus anhelos y verás que Él abrirá puertas, limpiará todos tus caminos, ensánchate en lo que sabes hacer, en esas virtudes que tienes. En tu mano está tu fuente de prosperidad, ya Dios la depositó y la puso en tus manos; haz uso de ella.

Te digo: nadie nace con las manos vacías. Hay dones en ti, hay regalos de Dios para ti, solo tienes que idear el plan y la estrategia y proseguir hacia delante, dejando atrás todo temor y miedos. Pídele a Dios sabiduría; fíjate cuando Caleb dice "porque más podremos nosotros que ellos", ahí él se refiere no a su fuerza ni a su sabiduría humana, él se refiere a la cobertura y poder de Dios, a la fuerza de Dios, a que Dios está con ellos y que con Dios ellos pueden poseer y entrar a esa tierra que ya el Señor les había prometido. Ellos no iban solos y tú no vas sola si pones siempre a Dios por delante.

Esas promesas no solo fueron para ellos, sino que hoy en día esas promesas también son para nosotras, para sus hijas redimidas por la sangre de Cristo. No permitas que ningún gigante te robe tus sueños, tu tierra; no permitas que el temor o el miedo te aniquilen. Somos embajadores de Cristo, Dios nos dio la autoridad y el poder en el nombre de Jesús para vencer en cualquier terreno y ser fructíferas en todo; no le permitas al enemigo que te robe tu sueño.

Tu tierra está esperando por ti. Decídete, más podemos nosotras que cualquier gigante que se nos enfrente.

Números 13:30: Entonces Caleb hizo callar al pueblo delante de Moisés, y dijo: Subamos luego, y tomemos posesión de ella; porque más podremos nosotros que ellos.

Jesucristo siempre camina a tu lado.

Capítulo 7-
Una mujer prudente y sabia

Abigaíl fue una de las mujeres más prudentes y sabias de la Biblia. Fue la adecuada para cambiar el curso de la historia. Admiro mucho a esta heroína de la Biblia quien con mucha sabiduría pudo cambiar el curso de lo que podía haber sido una gran tragedia, pero hoy tú eres la mujer que está encargada de cambiar el curso de la historia de tu familia, de tu esposo, de tus hijos y de tu ciudad, pues tú eres una mujer con la unción del Espíritu Santo, eres la indicada para cambiar el panorama de tu situación.

Tú puedes ser una mujer como Abigaíl, una mujer que puede cambiar su destino, o una intercesora que puede pararse a la brecha a defender a los suyos. Tú puedes cambiar y darle un giro a lo que el enemigo ha decretado en tu contra y en contra de tu casa.

A veces con los tontos y perversos no se debe hablar, pues Nabal era un hombre que no entendía razones, era un ser malvado y arrogante, mas Abigaíl era un mujer sabia y prudente.

Mujer, sé sabia, no destruyas por falta de sabiduría tu vida, tu sueño, tu visión; sé sensata, habla lo necesario; nosotras las mujeres tenemos el llamado de ser sabias, virtuosas; la Palabra de Dios nos dice que la mujer sabia edifica su casa, mas la necia con sus manos la derriba.

Abigaíl fue una mujer prudente y decidida, y yo diría arriesgada, pues a ella no le importó el riesgo ni el peligro al tratar de encontrarse con David, que iba decidido a matar a Nabal y a todos los que con él vivían. En ese momento ella no pensó en el peligro que corría su vida y se arriesgó, y no fue por salvar a Nabal sino por esas personas inocentes que por culpa de la maldad de su esposo iban a perecer, pero Dios estaba con ella y pudo persuadir a David y salvar las vidas de aquellas personas inocentes y, de paso, librar a David de que tomara venganza por sus propias manos. Ella pudo conquistar el corazón de David y al mismo tiempo hablarle a su entendimiento a los oídos.

¿Alguna vez le has hablado al Señor al oído? ¿Te has acercado a él a interceder por alguien o por algo? Si no lo has hecho te recomiendo que lo hagas; siempre hay alguien o algo por qué interceder. Abigaíl fue una de las mujeres cuya petición llegó a los oídos del rey, a la presencia del rey.

Tú eres una mujer marcada y sellada para cambiar el destino de tu casa. Toma este hermoso ejemplo de vida, esta mujer pudo encontrarse con el rey y lograr su objetivo de ser escuchada y de que fuera considerada su petición. Abigaíl también le profetizó a David y ganó su admiración; gánate el respeto y la admiración de aquellos que te rodean, aquellos que te tratan a diario. Ensancha tu vuelo, tus alas, y no aterrices en tierras áridas, aterriza en tierra fértil, donde puedas depositar y sembrar tus semillas y donde puedas cultivar tus frutos.

Dios te ha llamado sabia y sensata pues Dios sabe el gran valor que tú tienes, y Él más que nadie sabe lo que ha depositado en ti. Valórate y aprende a crecer sea cual sea el terreno que tus pies pisen. Valórate y esfuérzate y valora la visión y el sueño que Dios puso en ti. Saca a Nabal de tu vida, pues Nabal significa insensatez.

1 Samuel 25:3: Y aquel varón se llamaba Nabal, y su mujer, Abigaíl. Era aquella mujer de buen entendimiento y de hermosa apariencia, pero el hombre era duro y de malas obras; y era del linaje de Caleb.

1 Samuel 25:18-19: Entonces Abigaíl tomó luego doscientos panes, dos cueros de vino, cinco ovejas guisadas, cinco medidas de grano tostado, cien racimos de uvas pasas, y doscientos panes de higos secos, y lo cargó todo en asnos. ¹⁹ Y dijo a sus criados: Id delante de mí, y yo os seguiré luego; y nada declaró a su marido Nabal.

1 Samuel 25:23-25: Y cuando Abigaíl vio a David, se bajó prontamente del asno, y postrándose sobre su rostro delante de David, se inclinó a tierra; ²⁴ y se echó a sus pies, y dijo: Señor mío, sobre mí sea el pecado; mas te ruego que permitas que tu sierva hable a tus oídos, y escucha las palabras de tu sierva. ²⁵ No haga caso ahora mi señor de ese hombre perverso, de Nabal; porque conforme a su nombre, así es. Él se llama Nabal,[a] *y la insensatez está con él; mas yo tu sierva no vi a los jóvenes que tú enviaste.*

Una mujer de destino es indetenible.

Una mujer virtuosa cambia los diagnósticos.

Abigaíl, la que cambia, transforma, pues ella evitó que muriera toda su casa.

Cuando una mujer se levanta en Dios, cambia la atmósfera.

Cuando una mujer de Dios se levanta, se van todas las trampas y artimañas del enemigo.

Cuando una mujer se levanta en Dios, cambia las mentes de los David.

Cuando una mujer se levanta en Dios, anula los decretos del infierno.

Amén

PUNTO #2 – LO QUE DICEN DE TI NO DETERMINA LO QUE TÚ ERES

Leí hace un tiempo una anécdota de Gandhi. Llamó mucho mi atención el hecho de que este hombre no dejó que los comentarios racistas de su profesor malograran sus sueños y sus metas. Él no permitió que las críticas y comentarios malintencionados lo sacaran de su enfoque, de su sueño, de ser abogado.

Resulta que cuando Gandhi estudiaba derecho en la Universidad de Londres, un profesor de apellido Peters le tenía mala voluntad a Gandhi por ser hindú, pero Gandhi nunca dejó que esos comentarios le hicieran bajar la cabeza, por lo cual el que salía humillado era siempre el maestro.

Un día el profesor Peters estaba almorzando en el comedor de la universidad y el alumno viene con su bandeja y se sienta a su lado. El profesor altanero le dice: "Joven Gandhi, usted no entiende. Un puerco y un pájaro no se sientan a comer juntos". A lo que Gandhi le contestó: "Esté usted tranquilo, profesor, yo ya me voy volando", y se cambió de mesa.

El profesor Peters se queda furioso durante días después de aquello y decide vengarse en el próximo examen, pero el alumno responde con brillantez a todas las preguntas. Entonces, para impedir que se vaya sin darle una lección, le hace la siguiente pregunta: "Gandhi, supongamos que usted va caminando por la calle y se encuentra con una bolsa. Dentro de ella hay sabiduría y mucho dinero, ¿cuál de los dos se lleva?". Gandhi responde sin titubear: "Claro que el dinero, profesor". El profesor sonriendo le dice: "Yo en su lugar hubiera agarrado la sabiduría, ¿no le parece?". A lo que Gandhi responde: "Cada uno toma lo que no tiene, profesor".

El profesor Peters, histérico de rabia y para vengarse de Gandhi, escribe en la hoja del examen "idiota" y se la devuelve al joven Gandhi, que toma la hoja y se sienta. Al cabo de unos minutos se dirige al profesor y le dice: "Profesor Peters, usted me ha firmado la hoja, pero no me puso la nota".

No le permitas a nadie que se interponga en tus metas, en tu visión o en tus sueños. No permitas que nadie aborte tus sueños ni que determine lo que tú eres. El único que determina quién eres tú es tu creador, el Señor, Él sabe cuánto vales, eres amada y estimada por Dios.

Proverbios 11:2: Cuando viene la soberbia, viene también la deshonra; mas con los humildes está la sabiduría.

PUNTO #3 – TEN CUIDADO CON TU TALÓN DE AQUILES

Un talón de Aquiles es un síntoma de idolatría. Echémosle un vistazo a dos personajes bíblicos como lo son Salomón y Sansón.

> *Jueces 14:2: Y subió, y lo declaró a su padre y a su madre, diciendo: Yo he visto en Timnat una mujer de las hijas de los filisteos; os ruego que me la toméis por mujer.*

> *Jueces 16:4: Después de esto aconteció que se enamoró de una mujer en el valle de Sorec, la cual se llamaba Dalila.*

Sansón perdió el sueño de Dios por relacionarse con mujeres, algo que no podía hacer pues eran mujeres idólatras, mujeres con las que le estaba prohibido tener relaciones, y eso lo llevó a la muerte; o sea, que las filisteas eran el talón de Aquiles de Sansón.

Si quieres que Dios cumpla sus sueños en ti debes primero empezar a quitar esos talones de Aquiles de tu vida, pues ser idólatra no es solamente postrarse ante una imagen y adorarla, la idolatría también viene siendo aquello que te quita el tiempo que debes compartir con Dios, quizás un hijo, un esposo o tu trabajo, entre tantos.

Hace un tiempo yo decía y proclamaba que mis hijos eran mi talón de Aquiles, pues a mi parecer y en ese tiempo ser idólatra era solamente adorar y creer en imágenes. Eso no lo miraba yo como idolatría, pero cuando vine a los caminos de

Dios, Él me quebrantó y veía cómo iba quitando esos talones de Aquiles, separándolos de mí. Te preguntarás cómo. Pues hubo un tiempo en que mis hijos y yo estábamos tan alejados, te explico, hubo un tiempo en que mi relación con mis hijos no estaba bien, donde yo pude ver cómo mi relación de hijo y madre se estaba rompiendo, cómo Dios permitió que mis hijos y yo nos alejáramos a pesar de estar tan cerca, donde yo me sentí que no era valorada ni amada por mis hijos, pero también sé que ellos quizás sentían lo mismo de mí. Sin embargo, todo eso pasó con un propósito: Dios permitió que eso pasara para quitarme eso que impedía darle la prioridad a Él, y Él permitió eso para que yo entendiera que Él es el único que no me falla, que es el único que me ama con amor eterno aun con mis fallas, Dios me enseñó a no depender de mis hijos ni de sus emociones, que si me toman en cuenta o no, que eso no me afecte.

Me enseñó a que mis hijos no debían ser primero que él, sino después de él. Cuando entendí eso mi relación con mis hijos cambió y hoy vivimos la mejor relación que puedan tener un hijo y una madre.

Tuve que ser quebrantada en ver cómo yo misma alejaba a mis hijos de mí por querer aferrarme a ellos y querer siempre imponerme sobre ellos, pues los hijos son como los pichoncitos que buscan calor y la protección de sus padres, pero inmediatamente crecen y comienzan a desplegar sus alas; hay que dejarlos ir para que vuelen con sus propias alas. Así son los hijos, dejarlos volar y que sus alas tomen fuerzas, es por eso que hago esta comparación de estos dos personajes, pues fueron dos idólatras de las mujeres con quienes no les estaba permitido relacionarse.

Salomón comenzó a tener relaciones con mujeres prohibidas conforme a la Palabra, pero Dios, por amor a David, dice la Palabra, no rompió su reino sino que se lo dio a su hijo Roboam.

> *1 Reyes 11:1-4: Pero el rey Salomón amó, además de la hija de Faraón, a muchas mujeres extranjeras; a las de Moab, a las de Amón, a las de Edom, a las de Sidón, y a las heteas; ² gentes de las cuales Jehová había dicho a los hijos de Israel: No os llegaréis a ellas, ni ellas se llegarán a vosotros; porque ciertamente harán inclinar vuestros corazones tras sus dioses. A éstas, pues, se juntó Salomón con amor. ³ Y tuvo setecientas mujeres reinas y trescientas concubinas; y sus mujeres desviaron su corazón. ⁴ Y cuando Salomón era ya viejo, sus mujeres inclinaron su corazón tras dioses ajenos, y su corazón no era perfecto con Jehová su Dios, como el corazón de su padre David.*

> *1 Reyes 11:12-13: Sin embargo, no lo haré en tus días, por amor a David tu padre; lo romperé de la mano de tu hijo. ¹³ Pero no romperé todo el reino, sino que daré una tribu a tu hijo, por amor a David mi siervo, y por amor a Jerusalén, la cual yo he elegido.*

No pierdas tus sueños. Tus sueños se cumplirán cuando le des a Dios la prioridad que Él merece. Recuerda, depende de ti la realización de tu sueño, solo suelta y deja ir lo que te separa de la visión de Dios.

Dios te bendiga, saca los talones de tu vida. Palante y pal cielo.

PUNTO #4 – ESCRIBE TU VISIÓN

Hace un tiempo leí en mi *Biblia mujeres de propósito* (RVR 1960) que una de las claves para andar victoriosamente en el plan de Dios era saber elegir, caminar en amor y perdón.

Ten cuidado con lo que te detiene. No dejes que el temor se convierta en tu amigo, porque saboteará tu futuro. Tú eres una mujer de gran importancia, la visión y el propósito de Dios para tu vida es algo muy especial.

Eva no tuvo una visión clara y comprometió su herencia por dejar que el enemigo cuestionara su valor. ¿Qué visión ha puesto el Espíritu Santo en tu corazón? Habacuc nos alienta a escribir la visión y a declararla. Tenemos que empezar a ver nuestras vidas como Dios las ve. Escribe tu visión y si no la puedes comprender o interpretas mal tu visión, Dios la arreglará.

ESPERA EL TIEMPO

La mayoría de nosotros los seres humanos tenemos una mala virtud de no esperar por nada ni por nadie. Queremos las cosas inmediatamente cuando las pedimos, se nos hace difícil esperar y eso es parte del fracaso de muchas personas, pues cuando le pedimos algo a Dios lo queremos ya, ahora, y si no nos llega a nuestro tiempo nos desesperamos y muchas veces cuestionamos a Dios por no contestarnos al tiempo que deseamos, y tomamos malas decisiones por no saber esperar a Dios, pues nos enfocamos en nuestra necesidad y muchas veces hasta nos desanimamos.

En Isaías 55:8 nos dice: "Porque mis pensamientos no son vuestros pensamientos, ni vuestros caminos mis caminos, dijo Jehová", pero también en este otro verso Dios le habla a

Habacuc y le dice que hay que esperar el tiempo de la visión; aunque tarde en cumplirse, esa visión se cumplirá.

Tenemos que esperar el tiempo de Dios en nuestras vidas, en nuestros sueños, porque todo llega al tiempo de Dios. Aunque sea un minuto antes de que se cumpla, el tiempo llega y la visión se cumple. Tenemos que orar siempre y rogar a Dios que nos enseñe a ser pacientes, pues cuando tomamos decisiones que no se alinean con el tiempo y la voluntad de Dios fracasamos, todo nos sale mal.

Fíjate: yo tuve que esperar un largo tiempo para casarme con el que hoy es mi esposo, y para nosotros la espera no fue fácil, pero yo por primera vez quería hacer las cosas bien, en el tiempo de Dios, y con su aprobación, no a mi tiempo. ¿Por qué? Porque me cansé de perder, de fracasar, de hacer las cosas como a mí me gustaba. Para mí no fue fácil esperar, muchas veces pensé en tirar la toalla porque todo se complicaba, pero el Espíritu Santo me animaba y puso en mi corazón esta palabra de Habacuc, y le doy muchas gracias a Dios y a mis pastores que nos aconsejaron como esos padres espirituales. Dios los usó para enseñarnos a esperar el tiempo oportuno, el tiempo exacto que es el tiempo de Dios, pues podemos trabajar en nuestros sueños mientras la visión se realiza, diseñándolos y poniéndolos en las manos de nuestro Señor y preguntándole si eso es lo que él tiene para ti. Recuerda que ese sueño tuyo tiene su hora de diseño, su hora de emprender, su hora de abrazarlo, de conquistarlo. y su tiempo de cumplirse, **"el tiempo de Dios"**. Cuando no esperamos nos salimos del propósito de Dios.

Habacuc 2:2-3: Y Jehová me respondió, y dijo: Escribe la visión, y declárala en tablas, para que corra el que leyere en ella. ³Aunque la visión tardará aún por un tiempo, más se apresura hacia el fin, y no mentirá; aunque tardare, espéralo, porque sin duda vendrá, no tardará.

PUNTO #5 – VUELVE A TU PRIMER AMOR

Amar es una decisión. El amor es algo más que sentir cosquillas en el estómago, es algo más que sentir cómo tus rodillas tiemblan. El amor no es una emoción, el amor hay que trabajarlo y cultivarlo día tras día, el amor implica llevar una relación e intimidad con alguien a quien tú has elegido amar. Antes yo no creía que el amor fuera una decisión, pensaba que era algo que nacía dentro de uno al instante de uno intercambiar una mirada con alguien, un encuentro o un flechazo, y sí, todas esas cosas tienen que ver con el amor de alguna manera, pero el verdadero y genuino amor va mucho más allá.

Cuando recibimos a Jesús como nuestro Salvador y Señor nos enamoramos tanto de él que solamente queremos estar en su presencia, queremos servir en todo para la obra de Dios, y es algo tan hermoso que sentimos la presencia de Dios tan fuerte y sentimos la voz de Dios tan clara, tan audible, es como un remanso de agua dulce fluyendo sobre nuestro ser y no queremos por nada separarnos de él. Es por eso que el Señor hace un llamado a la iglesia de Éfeso, ¿por qué dejó su primer amor? ¿sabes a qué se debe? A que dejamos de buscarlo en la intimidad, dejamos de pasar tiempo con él. Muchas veces por los afanes y las preocupaciones ya no hacemos ese espacio para buscar su presencia, descuidamos leer su palabra en la cual escuchamos su voz. Pero hoy tenemos la oportunidad de volvernos a él, de volver a ese primer amor, pues tenemos que volver a cultivar esa relación de intimidad con Jesús, tenemos que tomar la decisión de amar, de buscar a Dios y pedirle que nos devuelva ese primer amor y que nos devuelva a las sendas antiguas. No hay lugar más alto que estar en la presencia de Dios, de ser esa novia, esa iglesia renovada y preparada para el gran encuentro con nuestro novio, nuestro Señor Jesucristo.

En resumen, el amor hay que cultivarlo así como se cultiva la tierra. Así como cuando tú siembras una planta, pues esa planta tiene que ser cuidada para que no se marchite y hablarle cada vez que le echas agua, decirle cosas bonitas, así como las flores necesitan agua para poder permanecer hermosas e hidratadas, así como nosotras necesitamos el agua y la comida para poder sobrevivir y el aire para poder respirar, así exactamente es como debemos mantener nuestra relación con Dios para que nuestro amor hacia él crezca cada día más.

Apocalipsis 2:4: Pero tengo contra ti que has dejado tu primer amor.

Lamentaciones 5:21 Vuélvenos, oh Jehová, a ti, y nos volveremos; Renueva nuestros días como al principio.

PUNTO #6 – UN GRITO DE FE

El ciego Bartimeo, un ejemplo de fe, fue en busca de su sanidad sin importar las veces que lo mandaron a callar, las veces que le reprendieran. No le importaron las voces, los obstáculos que se interpusieron en su camino; él caminó enfocado a pesar de su condición física de no poder ver. Este hombre prácticamente peleó y arrebató su sanidad con un corazón contrito y enlutado, quizás por los muchos años que tenía sin vista, pero esto agradó a Jesús, ese lamento, ese grito a ciegas de que Jesús tuviera misericordia de él.

Muchas veces pasamos años padeciendo de una enfermedad y clamamos a Dios con gemidos, con llantos, pero Bartimeo entendió que esta era su única oportunidad, pues mientras más lo mandaban a callar más él clamaba. Muchos de nosotros nos sentimos limitados a la hora de clamar a Jesús y es muchas veces porque nos estamos muriendo espiritualmente o estamos conformes con nuestro estado desastroso de cómo vivimos física y espiritualmente, pues solemos dudar que Dios escucha nuestras plegarias y clamores y no aprovechamos la oportunidad que se nos presenta cuando la presencia del Señor se manifiesta.

El ciego Bartimeo aprovechó la oportunidad sin importar ninguna piedra de tropiezo en su camino. Él iba detrás de lo suyo. Esto es un ejemplo de persistencia, de búsqueda de fe, él a gran voz decía: "Señor, ten misericordia de mí". Él llamó la atención de Jesús y Jesús le preguntó: "¿Qué quieres que te haga". Jesús sabía su necesidad, pero a Dios le gusta que le informemos nuestro estado, nuestras dolencias, nuestras pruebas. Hay oportunidades que llegan muy pocas veces, quizás una vez en la vida, pero tenemos que ser persistentes, violentos, para agarrarlas y aprovecharlas y no dejarlas ir, pero para eso se necesita fe y perseverancia.

Marcos 10:47-52: Y oyendo que era Jesús nazareno, comenzó a dar voces y a decir: ¡Jesús, Hijo de David, ten misericordia de mí! ^{48} Y muchos le reprendían para que callase, pero él clamaba mucho más: ¡Hijo de David, ten misericordia de mí! ^{49} Entonces Jesús, deteniéndose, mandó llamarle; y llamaron al ciego, diciéndole: Ten confianza; levántate, te llama. ^{50} Él entonces, arrojando su capa, se levantó y vino a Jesús. ^{51} Respondiendo Jesús, le dijo: ¿Qué quieres que te haga? Y el ciego le dijo: Maestro, que recobre *la vista.* ⁵² *Y Jesús le dijo: Vete, tu fe te ha salvado. Y en seguida recobró la vista, y seguía a Jesús en el camino.*

En el verso 50 dice que él arrojó su capa, y es muy hermoso porque nos hace recordar el día que aceptamos a Dios en nuestro corazón y nuestras vidas, pues la capa representaba para Bartimeo el dolor, el pecado, sus sufrimientos, por eso él arrojó la capa para ir a Jesús como señal de rendimiento, él dejó atrás su ceguera tanto espiritual como física para recibir su nuevo nacimiento, su nuevo renacer, para que Dios cumpla su sueño y su propósito en él. Arroja tu capa de miedos, de temores, y deja que la visión y el plan de Dios se cumplan en ti, en tu vida. Arrojemos nuestras capas.

Capítulo 8 - Sal por tu maná

La oración es el arranque de cada mañana de cada cristiano. Cuando el pueblo de Dios andaba por el desierto hacia la tierra prometida ellos tenían que levantarse muy de mañana a recoger el maná, pues si el sol salía lo derretía. La oración es semejante, ¿y sabes por qué? Pues es el mejor tiempo donde solo tú y el Padre pueden estar a solas, sin ninguna interrupción.

Orar temprano en la mañana es la mejor hora en la que podemos escuchar la voz de Dios, pues de madrugada es cuando Satanás y sus demonios están trabajando para que las almas no conozcan a Dios. A esa hora es cuando los demonios están haciendo conjuros en contra de las iglesias de Cristo. Por eso el salmista decía: "De madrugada yo te buscaré". Por algo David lo buscaba muy de mañana, pues él sabía que era la mejor hora de conectarse con Dios.

Fíjate, yo he notado que cuando no me levanto a la hora que siempre lo hago me siento decaída y como si me faltara esa porción, esa vitamina espiritual, y no es que quiera decir que si tú oras a cualquier hora Dios no te escuchará, de ninguna manera, es que literalmente es la mejor hora para buscar tu porción y recoger ese maná, es la mejor hora para guerrear contra las fuerzas del mal, para pelear por esas bendiciones que están siendo bloqueadas para que no lleguen a ti. Hay que pagar el precio. No permitas que el sol se lleve tu maná, tu bendición, tu porción, por eso te exhorto, mujer de Dios, mira lo que dice Job, qué son los seres humanos para que les dé tanta importancia, pues te preocupas por su bienestar día tras día. Job conoce que no somos nada para que Dios se preocupe día por día en bendecirnos y en derramar su gracia y misericordia en nosotros los mortales; entonces, por qué no nos esforzamos, por qué no pagamos el precio, si lo más imposible y difícil lo recibimos por Dios cada día.

Cada mañana Él te espera, cada mañana, no pierdas tu cita con el Rey, pasa tiempo con Él, "hasta que raye el alba".

Job 7:17-18: ¿Qué es el hombre, para que lo engrandezcas, Y para que pongas sobre él tu corazón, ¹⁸ Y lo visites todas las mañanas, Y todos los momentos lo pruebes?

PUNTO #2 – TRANSFORMADA A TRAVÉS DE LOS GOLPES

Muchas veces para poder experimentar el poder de Dios y así tomar una nueva identidad tendremos que pasar por el filtro y ser probadas y aprobadas. En mi país hay un refrán que dice que los tropezones hacen levantar los pies para no volver a caer en el mismo hoyo. Este refrán es muy veraz; los golpes y los fracasos te ayudan a madurar, te moldean, te ayudan a no seguir caminando por donde caminabas, pero hay golpes que en realidad tú los necesitas para saber de qué metal estás hecha, hay golpes que hacen de ti el mejor oro refinado y procesado, que pueden cambiar tu nombre, y ese fue el caso de Jacob.

A Jacob le costó llamarse Israel, pues él sabía muy bien que otra oportunidad así no se le iba a presentar. Él estaba decidido a pelear por esa bendición cuéstele lo que le cueste; él estaba dispuesto a aguantar el dolor que fuera, la rotura más dolorosa; él estaba enfocado y no se distrajo en nada con tal de conseguir su objetivo. Ya él no quería ser el mismo de siempre, ya él no quería ser más Jacob el tramposo, él iba decidido a cambiar su destino y confirmar esas promesas que Dios les hizo a sus padres, Jacob quería un nuevo nombre.

Muchas veces vas a tener que pasar por roturas y pérdidas, por dolores, para conseguir tus objetivos, porque hay bendiciones que llegarán dependiendo del precio que tengas que pagar, pues serán bendiciones tan grandes que vas a tener que luchar por ellas. Cuanto más grandes sean tus bendiciones más fuerte será tu batalla; mientras más fuerte sea tu batalla más poderosa será tu victoria. Jacob luchó con el mismo Dios y no le importó ninguna fractura o dolor, no le importó la hora ni el tiempo, él iba por lo suyo y hasta que Dios no le bendijo no pudo irse. Dice la palabra que luchó con el varón hasta que rayaba el alba.

Jacob sufrió pues se le descoyuntó el muslo y aun así él seguía detrás de su bendición. Le decía: "No te dejaré hasta que no me bendigas", wow, es admirable ver cómo a este personaje no le importó el sufrimiento con tal de ver su vida cambiada, su identidad transformada. Este es un ejemplo de cómo no debemos darnos por vencidos, un ejemplo de luchar por esa visión, ese sueño, sin importar los no que nos lleguen, sin importar las puertas que se nos cierren. Los sueños y visiones de Dios tienen un precio y se ven difíciles de realizar pues Dios permite eso para que sepamos que la gloria viene de Él y para que valoremos esa visión que Él puso en nuestras manos. Ensánchate en medio del dolor.

Génesis 32: 24-26: Así se quedó Jacob solo; y luchó con él un varón hasta que rayaba el alba. [25] Y cuando el varón vio que no podía con él, tocó en el sitio del encaje de su muslo, y se descoyuntó el muslo de Jacob mientras con él luchaba. [26] Y dijo: Déjame, porque raya el alba. Y Jacob le respondió: No te dejaré, si no me bendices.

Genesis 32:28 Y el varón le dijo: No se dirá más tu nombre Jacob, sino Israel;[a] ***porque has luchado con Dios y con los hombres, y has vencido.***

No les temas a los golpes y los fracasos. El fracaso no te hace fracasada, depende de cómo tú reacciones, hay fracasos que te ayudan a seguir, que te inspiran a no dejarte vencer, pero tú eres la que elige si te quedas derribada o te levantas. ***"Los fracasos plantan en el camino las semillas del éxito".***

No te detengas.

PUNTO #3 – RENUÉVATE

El águila sobrevuela su territorio, es libre y se remonta sobre las alturas, y para asegurar las vidas de sus crías o huevos, los da a luz sobre la roca, pues ahí ella encuentra seguridad para depositar a sus polluelos ya que la roca es inmovible, segura y fuerte. Ella sabe con certeza que ahí sus hijos están seguros. El águila específicamente busca una roca para poner sus huevos y busca ese sitio solitario para cuidar a sus crías de los depredadores pues ellos no pueden acceder fácilmente al nido.

Según los estudios, el águila puede ver más de cuatro o cinco veces más lejos que nosotros, y su renovación dura un periodo de aproximadamente cinco meses. El águila pasa por un largo y doloroso proceso de renovación ya que un águila puede vivir solo setenta años aproximadamente, pero ya a la mitad de su vida ellos tienen que decidir si morir o aceptar el proceso de la renovación. En ese proceso ella comienza a renovar su pico y tiene que golpearlo sobre una roca para reponerlo y esperar que le salga uno nuevo, pero después ya renovado con su pico comienza a desprender esas uñas viejas y maltratadas; después, ya restauradas las uñas, comienzan a quitar todo ese plumaje viejo y cansado.

Las águilas van de proceso en proceso, de paso en paso y de tiempo en tiempo. Wow, me imagino todos los dolores que sufre el águila a través de ese proceso. Por eso Dios nos manda a que nos renovemos como el águila y nos dice que debemos ser como el águila, que nos remontemos en las alturas y tengamos su visión, pero todo esto tiene su proceso de dolor y de pruebas que nos ayudan a cambiar y ser mejores personas, nos ayudan a ser mujeres de visión y conquista, que no nos doblemos ante el dolor.

Dios hace la comparación entre los seres humanos y el águila pues cuando llegamos ante él venimos con el alma cansada, con el alma doblada, llena de los azotes que nos ha dado la vida, pero cuando tomamos la decisión de aceptar a Jesús en nuestras vidas Dios comienza paso a paso a reconstruirnos y nos pasa por un proceso para sacar todo dolor y tristeza, igual que las águilas pues es un proceso tedioso, pero nos renueva y nos ayuda a depender solo de él, de la roca fuerte e inmovible, comienza a renovar y cambiar nuestro corazón de piedra para darnos uno de carne, y nuestros ojos, para que ya no nos enfoquemos en las adversidades que veamos, nos da una nueva visión para ver más allá de lo sobrenatural, una visión que va acompañada de la fe, pues Dios es fiel y sus promesas son genuinas y verdaderas para todo aquel que cree. Pero tú decides si quieres ser renovada y pasar por el taller del maestro o quieres elegir pasarte la vida sin sueño, sin visión y sin propósito.

El águila elige sufrir para después ver el resultado de su nueva vida, de prolongar aún más su vida. Ella elige cambiar su vestidura desgastada; así llegamos nosotras, desgastadas por los golpes de la vida. Necesitamos, mujer hermosa, restaurar nuestra visión y mirar esos planes, esos proyectos que arden en nuestro corazón y muchas veces nos quitan el sueño, porque hay algo que te está reclamando. está en tus manos. Cambia tu plumaje, cambia tu vestidura desgastada y vístete de reina pues así es como Dios te mira; restaura tu boca para poder hablar, declarar profecías, profetizar esas promesas que son tuyas y esas bendiciones que están siendo detenidas; acuérdate de lo que pasó con Daniel; pisa en tu terreno con firmeza y no permitas que las pruebas o procesos te saquen de combate. Las pruebas son para capacitarnos, son para entrenarnos, son para hacerte más fuerte y ser más dependiente de Dios. **"Sin pruebas no hay victoria y sin victoria no hay éxito".**

Si esperas Él te dará nuevas fuerzas, tus pies nunca se cansarán en tu caminar con Jesucristo, no lo dudes.

> *Isaías 40:31: Pero los que esperan a Jehová tendrán nuevas fuerzas; levantarán alas como las águilas; correrán, y no se cansarán; caminarán, y no se fatigarán.*

PUNTO #4 – DIOS TE HACE ENSANCHAR EN MEDIO DE LAS ANGUSTIAS.

Dios utiliza la angustia no para aniquilarnos sino para hacernos ensanchar. El salmista David proclama su victoria con esa frase. David dice que cuando está en angustia, "en vez de reducirme mi espacio tú me hiciste ensanchar, ensanchaste mi terreno". La adversidad produce en las personas un efecto permanente. Muchas veces cuando nos encontramos pasando por una prueba o desierto, tendemos a querer separarnos de Dios. Muchas veces nos cuestionamos, pero Dios te dice hoy:

- Que sin desierto no hay ensanchamiento.
- Sin proceso no hay crecimiento.
- Sin tormentas no despertamos a Jesús.

Jesús te dice hoy que en tus angustias él te hará ensanchar. Tu tormenta provocará que Dios se despierte a tu favor y pare tu tormenta; el Señor permitirá que en medio de tu tormenta crezca tu bonanza, que en medio de las pruebas Él te ensanchará y verás el río de Dios fluir sobre ti, Él no se olvida de sus promesas.

Yo una vez pasé por un proceso de salud. Fue exactamente cuando estaba tomando las clases de escuela bíblica. Fui a mi doctor, pues estaba pasando por fuertes dolores de cuello y de espalda. Mi doctor me hizo los estudios indicados para saber cuál era el problema. En los resultados salí con una hernia discal y me dijo que tenía que operarme, pues me operé, pero el dolor continuaba y con más intensidad. Eso me condujo al desánimo pues mi dolor era tan insoportable que no podía moverme ni bajar mi rostro. Empecé a desesperarme y a llorar y ya no quería seguir en escuela bíblica ni tampoco ir a la iglesia, pero un día el dolor fue más fuerte y le dije a mi madre que quería ir al doctor, que me acompañara, y en lo que mi madre baja a vestirse yo me fui a bañar y ahí empecé a escuchar la voz del Espíritu Santo que me decía: "Arrebata, pues cuando tú estabas en ese quirófano mis manos estuvieron contigo, acuérdate de que también te lo revelé en un sueño". Y sí, fue verdad, antes de operarme yo soñé que Dios era el que iba a hacer esa cirugía y yo comencé a llorar y a pelear por mi salud, y fue la primera vez que en el espíritu vi la crucifixión de Jesús, tan real que era como si la estuviera mirando en lo natural, y pasó por mis ojos todo lo que sufrió en la cruz por mí. Esa noche me quebranté tanto y ahí sentí cómo mis dolores se iban desapareciendo de mi cuello y espalda. Pero lo que más aprendí fue a no darme por vencida, a no dejar que Satanás juegue conmigo, con mi salud, porque mi estabilidad y mi salud no dependen de él sino del Rey de Reyes y el Señor de Señores Jesucristo. Aprendí a pelear por mi salud, contra mi desánimo, a usar las armas que Dios me dejó para defenderme del enemigo. Aprendí a vivir en Cristo, a depender de él y no de mis emociones. Aprendí que en medio de la tormenta es Él que se glorifica.

No necesité ir al doctor esa noche pues el médico por excelencia me visitó. Esa noche sanó mi dolor y trajo paz y serenidad a mi vida. Fue la mejor noche que dormí en toda mi vida. Dios me recordó todo el proceso de mi operación y que la fe es el arma más poderosa para salir en victoria. Yo no necesité que nadie me ministrara y que me diera una palabra de parte de Dios pues Él mismo esa noche ministró mi corazón, mi vida. Dios es bueno y maravilloso, me hizo esa noche ensancharme en mi conversión hacia él.

Salmos 4:1: Respóndeme cuando clamo, oh Dios de mi justicia. Cuando estaba en angustia, tú me hiciste ensanchar; Ten misericordia de mí, y oye mi oración.

Dios te manda en Isaías 54:2 que ensanches el sitio de tu tienda y las cortinas de tus habitaciones sean extendidas y que no sea escasa. Nos manda a que nos extendamos en la recámara de su presencia, en nuestras oraciones, y esa es la clave: la oración sincera, la intimidad con tu amado, mujer.

Leí un libro que se llama *El ayuno: una cita con Dios*, cuya autora es Diana Baker. Ella dice que la oración se eleva como en alas de águila con el fin de introducir al suplicante a la cámara de audiencia del Rey y ser aceptado. Esa palabra llamó mucho mi atención, y es así como tenemos que crecer cada día en nuestra relación e intimidad con Dios. Alarga tus cuerdas, refuerza tus estacas, usa tus armaduras, alarga tus espacios, ensánchate en tu terreno, en tu casa, refuerza tu fe, muévete en tu terreno, crece, ten la visión del águila para que tu visión se alargue y puedas ver más clara tu visión, para que te puedas emprender y ser esa mujer realizada, visionaria y victoriosa, "**palante, guerrera**".

PERSISTE Y NO CLAUDIQUES PARA QUE PUEDAS ALCANZAR TUS SUEÑOS.

#5 – DIOS NO MIRA LA CARÁTULA DEL DISCO SINO LA ESENCIA DEL DISCO

Muchas veces nos dejamos llevar por las apariencias y eso nos induce muchas veces a menospreciar a las personas, muchas veces por la forma como visten, como andan, y nos dejamos llevar por los estereotipos sociales, o sea por prejuicios, pues muchas veces catalogamos a las personas por su físico y apariencia. Hay una hermosa reflexión que me ministró mucho de una mujer que andaba paseando con su niña pequeña; al otro lado de la calle caminaban dos hombres, uno de ellos vestía elegantemente, llevaba un hermoso maletín, y el otro andaba con una ropa muy vieja y no era de apariencia hermosa como el otro caballero, y llevaba en su hombro un enorme bulto. La mujer cuando vio al que andaba bien vestido lo miró con respeto y admiración, mas al otro que andaba con una ropa viejita y con ese gran bulto viejo lo miró con desagrado y con miedo, pues ella pensaba que ese hombre era un delincuente y lo miraba con desprecio. En ese momento se detuvo un carro de golpe y bajaron tres hombres corriendo tras alguien. Eran tres detectives que en ese momento le echaron mano al hombre que andaba bien vestido, con un hermoso maletín y de apariencia hermosa. Inmediatamente cuando los detectives lo arrestan, abren el maletín y encuentran dentro una gran suma de dinero y una bolsa llena de drogas. La mujer quedó sorprendida pues ella pensaba que al que perseguían era al hombre de viejas ropas y de apariencia no muy hermosa. Pero en ese momento la niña toca a la mamá y le dice: "Mamá, mira", y cuando la mujer miró al hombre, este estaba siendo recibido por su esposa y sus hijas. Con ese amor, con esa felicidad, la mujer quedó asombrada y avergonzada por lo que había pensado de esa persona. Las apariencias engañan y no debemos mirar con desprecio al que menos tiene, al desposeído. Dice un viejo refrán que el hábito no hace al monje. Dios no mira lo bien que luces, los buenos vestidos, los buenos perfumes, la estatura, la hermosura exterior del ser humano. Dios mira lo que hay detrás de esa apariencia. Él mira la pureza de tu corazón, de tu interior. Por eso cuando Dios le ordenó a Samuel que fuera a la casa de Isaí a ungir al nuevo rey Samuel, empezó a ver la hermosura y la estatura de los hijos mayores de Isaí, pero el Señor le dice: "No miré su parecer, ni lo grande de su estatura, porque yo lo desecho". Eso pasa en nuestra sociedad. Nos dejamos llevar mucho de las apariencias, pero Dios desecha eso. Dios solo se sirve de un corazón bondadoso, íntegro, agradecido, obediente y humilde.

1 Samuel 16:6-7: Y aconteció que cuando ellos vinieron, él vio a Eliab, y dijo: De cierto delante de Jehová está su ungido. ⁷ Y Jehová respondió a Samuel: No mires a su parecer, ni a lo grande de su estatura, porque yo lo desecho; porque Jehová no mira lo que mira el hombre; pues el hombre mira lo que está delante de sus ojos, pero Jehová mira el corazón.

CONCLUSIÓN

El propósito de este libro es que las mujeres sepan su gran valor, que ellas no nacieron por accidente sino porque Dios pensó en ellas, y que Él tiene planes maravillosos para cada una de nosotras, para que no nos rindamos ni tiremos la toalla.

Tú, amada, naciste con un propósito y con el ADN de Cristo, y debes saber que tú eres una princesa, una reina del reino de Dios. Jesús te dio un nuevo nombre al morir por ti en una cruz. Él pago por todos tus temores y miedos; esa visión que el Señor puso en ti tiene fecha, día y hora, para que tomes en serio tus sueños y luches por ellos, para que no escuches esa vocecita que te dice que no lo puedes lograr. Es mentira del enemigo, no la escuches y dile en voz fuerte: *"Todo lo puedo en Cristo que me fortalece". Filipenses 4:13.*

Si no te arriesgas no vas a ver de qué material estás hecha, no vas a saber de lo que eres capaz. Debes aprender a vivir en cada terreno en que te ponga Dios. Eres una mujer de valor incalculable. Escucha su voz, su sueño, y pide dirección, lucha hasta conseguir tus sueños. Todos los proyectos que Dios pone en tu corazón se ven difíciles pero él lo permite para que tú les des más valor. Cuando lo logres no lo olvides, somos hijas del gran Rey y Soberano, persevera y logra, pero no olvides al capitán de tu barca, Jesús, nuestro salvador y amigo.

Dios te bendiga, y recuerda, cuando percibas esa voz de desánimo no la escuches, pues Satanás sabe del gran llamado que tú tienes y quiere hacer todo lo posible para engañarte. El diablo huye cuando se levanta una guerrera, una mujer de autoridad es poderosa. Vamos, arranca y vamos por más.

www.ingramcontent.com/pod-product-compliance
Lightning Source LLC
LaVergne TN
LVHW011732060526
838200LV00051B/3147